W0023559

KAZUYOSHI NOMACHI

CAMERA HUMANA

MENSCHEN RELIGIONEN LANDSCHAFTEN

FOTOGRAFIEN UND TEXT
KAZUYOSHI NOMACHI

PROJEKTBETREUUNG UND LEKTORAT
VALERIA MANFERTO DE FABIANIS

GESTALTUNG
CLARA ZANOTTI

EINBANDGESTALTUNG
INA BIBER

REDAKTION UND SATZ
BOOKWISE MEDIENPRODUKTION GMBH

ÜBERSETZUNG AUS DEM ENGLISCHEN
THOMAS BAUER

Die Deutsche Bibliothek verzeichnet diese Publikation in der Deutschen Nationalbibliografie; detaillierte bibliografische Daten sind im Internet unter http://dnb.ddb.de abrufbar.

Rechte der Originalausgabe:
Originaltitel: »Pilgrimage. 30 Years of Great Photo Reportages«
Copyright © 2005 White Star S.p.A., Vercelli, Italy

Rechte der deutschsprachigen Ausgabe:
© 2005 Frederking & Thaler Verlag GmbH, München
www.frederking-thaler.de
Alle Rechte vorbehalten

Printed in Spain

ISBN 3-89405-468-9

INHALT

1 In einer Höhlenkirche in der äthiopischen Pilgerstätte Lalibela liest ein Geistlicher in seiner Bibel.

2–3 Eine tibetisch buddhistische Nonne mit um die Finger geschlungener Gebetskette beim Mandala-Opfer.

5 Eine Gruppe von Pilgerinnen aus dem südindischen Bundesstaat Kerala auf der Hadsch.

EINLEITUNG

WENN ICH MICH RICHTIG ERINNERE, WAR ES IM APRIL 1973. ICH BEREISTE ZUM ZWEITEN MAL DIE SAHARA UND WOHNTE IN EINER KLEINEN OASE IM WESTEN ALGERIENS. UNMITTELBAR AUSSERHALB DER OASE ERHOB SICH EIN 50 METER HOHER HÜGEL, VON DEM AUS MAN EIN MAJESTÄTISCHES MEER AUS SAND ERBLICKTE.

Eines Tages erklomm ich gegen Abend den Hügel, um Fotos zu machen. Ein 16-jähriger Junge, mit dem ich mich angefreundet hatte, begleitete mich. Die untergehende Sonne tauchte die Sandwüste in ein kräftiges Rosa und änderte die Färbung des Lichts von Minute zu Minute. Als ich von meiner Kamera aufblickte, war der Junge verschwunden. Wo war er?

Ich schaute mich um, dann sah ich ihn, auf der anderen Seite des Hügels, in sein Abendgebet vertieft. Das Gesicht nach Osten gewandt, verneigte er sich tief, kniete nieder, warf sich zu Boden und stand wieder auf, ohne dabei sein Gebet zu unterbrechen. Ich war seltsam berührt. Soeben war er noch ein ganz normaler Teenager gewesen, beinahe noch ein Kind, doch mit einem Mal war jede Spur von Kindlichkeit verschwunden. Jetzt war er ein Mann, von Angesicht zu Angesicht mit seinem Gott.

Er war so in sein Gebet versunken, dass er mich nicht bemerkte, obwohl ich in der nahenden Abenddämmerung nun direkt neben ihm stand. Er wirkte wie in Trance. Sein Gesicht war von der Stirn bis zur Nase durch seine wiederholten Niederwerfungen mit goldfarbenen Sandkörnern bedeckt. Genau in dem Moment, als er nach Mekka blickte, ging der leuchtende Vollmond am östlichen Horizont auf. Es war ein bewegender Anblick. Inmitten der gewaltigen Wüste trat eine nackte Seele ihrem Gott gegenüber, und nichts stellte sich zwischen sie. Zum ersten Mal spürte ich die spirituelle Kraft der Wüste.

Meine Faszination für die Sahara beflügelte mich ungemein: Ich bereiste das Niltal, besuchte Arabien und fuhr nach Tibet. Letztlich bin ich in den meisten abgeschiedenen Gegenden der Welt gewesen – in Wüsten, Hochebenen und Savannen, wo die Menschen seit Generationen auf intensive Weise mit ihren Göttern in Verbindung treten.

Jede Religion – ob Buddhismus, Islam, Christentum, Hinduismus oder Animismus – huldigt der Natur in Form bestimmter Gebete, die die Gläubigen mit ihrem Gott vereinen. Gebete werden so im Lauf eines Lebens zu einer Art mentaler Pilgerfahrt. Pilgerrouten gibt es viele – manche sind abstrakt, andere sind konkret und führen auf tatsächlich existenten Wegen zu heiligen Stätten. Im Zentrum des Islams beispielsweise steht die Kaaba in Mekka – als Symbol des einen Gottes. Während der Pilgermonate lockt dieser Ort Millionen Gläubige an, die aus aller Welt über ein weit verzweigtes Netzwerk von Routen anreisen. In Äthiopien wandern Pilger barfuß über Bergwege, die

6–7 Eine Million Pilger feiern am 27. Tag des Ramadan Laylat al-Qadr, die Nacht der Macht, und beten in der
heiligen Moschee von Mekka die ganze Nacht hindurch.

8–9 Mitten in den Anden steigen Pilger vor Tagesanbruch auf in die eisige Welt der Gletscher.
Ihr Ziel sind die dort aufgestellten Kreuze.

11 Ein Sandsturm zieht auf – in der Sahara toben die heftigsten Stürme in der Zeit von März bis April.

sich seit den Tagen der Bibel nicht verändert haben, in das Klosterdorf Lalibela, das Zentrum der äthiopischen Christen.

In Tibet trifft man auf zutiefst gläubige Pilger, die sich fünf, zehn oder gar zwanzig Jahre im Schneckentempo fortbewegen, um einen heiligen, Tausende von Kilometern entfernten Ort zu erreichen. Sie tragen Holzklötze an den Händen, die sie über dem Kopf zusammenschlagen und dabei das Mantra *Om Mani Padmehum* psalmodieren. Mit schweißgebadetem und staubverkrustetem Gesicht werfen sie sich nieder, stehen wieder auf, bleiben stehen und werfen sich dann abermals nieder. So kommen sie nie weiter als eine Körperlänge voran.

Als ich auf einer fast verlassenen, kerzengeraden Straße zwei Pilgerinnen begegnete, die auf diese Weise nach Lhasa unterwegs waren, wurde mir bewusst, dass es eine echte Lebensaufgabe ist, ein solches Maß an Gläubigkeit zu erlangen. Die Tibeter glauben, dass die Seele auf ihrer Wanderung von einem Leben zum nächsten Verdienste erwerben muss, um von weltlichen Bindungen erlöst zu werden. Böse Taten verdammen die Seele in das Reich der Tiere und hungrigen Geister, wo kein Verdienst erworben werden kann. Je härter die Buße, so glaubt man in Tibet, desto reiner wird das Herz des Büßers.

Während die meisten meiner japanischen Landsleute ihre Gedanken nur gelegentlich der Religion widmen, betrachten die Tibeter den Glauben als das zentrale Element ihres Lebens. Einmal richtete ich meine Kamera auf ein Gesicht, das vom unerträglichen Leid des Büßens verzerrt war. Als ich dann durch den Sucher blickte, trat plötzlich ein strahlendes Lächeln

auf das Gesicht. Es war eine Offenbarung, die mich mitten ins Herz traf.

Ich finde Hochlandkulturen außerordentlich faszinierend – nicht nur in Tibet, sondern auch in Äthiopien und in den Anden. Da in der dünnen Höhenluft die Kultivierung von Nutzpflanzen nur beschränkt möglich ist, entwickelt jede hoch gelegene Region eine einzigartige Kultur, die sich den Einflüssen des Tieflandes weitgehend widersetzt. Was dennoch an kultureller Verschmelzung erfolgt, bringt neue und unerwartete Mischformen hervor. Tibetische Buddhisten, die an Seelenwanderung glauben, anerkennen die Existenz von mehr als 1000 »lebenden Buddhas«, denen sie bedingungslos vertrauen. Orthodoxe Christen in Äthiopien verehren die heilige Bundeslade, die sie vom antiken Judentum geerbt zu haben glauben. In den Anden sind die einheimischen Religionen mit dem Katholizismus der spanischen Eroberer verschmolzen.

Heutzutage zerstören die Mächte der Globalisierung das prachtvolle Relief der kulturellen Vielfalt, so dass es zu einer ebenen Fläche wird. Alternative Lebensentwürfe haben nur noch in entlegenen Regionen und aufgrund ihrer tiefen Spiritualität eine echte Überlebenschance.

Schuf Gott die Welt, wie die Bibel und andere Überlieferungen es lehren? Oder ist Gott bloß eine Illusion der Menschen, die sich im Gebet erschöpft hat? Jedes Individuum, gleich welcher Religion, wo immer zu Hause, sieht die Welt aus einer anderen Perspektive. Da der Mensch die empfindliche, zerbrechliche Fähigkeit der Intelligenz erworben hat, fühlt er sich nur dann sicher, wenn er sein Herz dem Schutz eines transzendenten Wesens anvertraut.

Wenngleich individuelle Unterschiede bestehen, ist dies meiner Ansicht nach ein zentraler Aspekt des menschlichen Schicksals. Wir gehen mit einem unsichtbaren Begleiter durchs Leben, dessen Anwesenheit wir womöglich nur dann wahrnehmen, wenn wir versehentlich stolpern und den Halt verlieren.

Wenn ich in meine Heimatstadt Kochi auf der Insel Shikoku zurückkehre, bin ich in letzter Zeit jedes Mal von der Zahl der Gläubigen beeindruckt, die dort von einem Tempel zum nächsten pilgern. Ihre konischen, tief in die Stirn reichenden Pilgerhüte tragen die Aufschrift: »Zwei, die zusammen gehen.« Ich beobachte, wie sie entschlossen die Landstraßen entlang wandern, und erkenne ihre gewissenhafte Suche nach etwas, das sie verloren zu haben glauben. Interpretiere ich zu viel in die Sache hinein? Oder hat unser Alltag uns eben doch zu weit vom Glauben weggeführt?

Viele Regionen der Welt, die ich in den letzten 30 Jahren bereist habe, unterscheiden sich sehr stark von Japan. Sie sind arm und nicht sonderlich sicher, und doch bildet die Nächstenliebe der dort lebenden Menschen einen Schutzwall gegenüber der rauen Umwelt. Nachdem ich mit Mitte zwanzig die Bekanntschaft der Sahara gemacht hatte, umrundete ich den Globus entgegen dem Uhrzeigersinn, überquerte den Pazifik und kam schließlich in den südamerikanischen Anden an – so habe ich selbst erfahren, wie vielfältig die Welt ist.

Als im Herbst 2003 der Konflikt zweier monotheistischer Religionen die Welt erschütterte, reiste ich zur Erntezeit ins buddhistische Bhutan im Himalaja. Wohin man schaut, breiten sich dort herrliche terrassierte Felder über die Berghänge aus. Die Männer trugen *go*, die Frauen *kira* – die traditionelle kimonoartige Tracht. Wie in einem japanischen Bauerndorf vor vielleicht 100 Jahren mähten sie den Reis mit Sensen. Anschließend droschen sie die Reispflanzen mit Steinen und überließen es dem Wind, die Rispen von den Ähren zu trennen.

Die Bäuerinnen, deren Körbe übervoll mit Hülsen waren, pfiffen leise vor sich hin, als könnten sie den Wind zu sich bestellen. In den Tälern des Himalaja hatten die Blätter gerade begonnen, sich rot zu verfärben. Ein kleiner Bach gab ein leises, plätscherndes Geräusch von sich.

Ich war von Bhutan und seinen bescheidenen Einwohnern tief berührt. Sie gaben mir zu denken: Hat die heutzutage in der Welt vorherrschende gnadenlose Konkurrenzgesellschaft mit ihren monotheistischen Religionen überhaupt eine Zukunft? Werden wir jemals die nötige Weisheit erwerben, um den Wert kultureller und religiöser Vielfalt anzuerkennen und um zu begreifen, dass es verschiedene Weltansichten gibt? Die positive Beantwortung dieser Fragen ist von höchster Wichtigkeit – denn es geht um unser Überleben.

14–15 Zwei Pilgerinnen aus Ngaba in Osttibet haben sich in die 1800 Kilometer entfernte heilige Stadt Lhasa aufgemacht.

16–17 Ein Angehöriger der Dinka im Sudd, dem Sumpfgebiet des Weißen Nils im Süden des Sudan.

DIE SAHARA

REISE IN EINE ANDERE DIMENSION

DIE SAHARA

REISE IN EINE ANDERE DIMENSION

ICH KRIECHE AUS MEINEM ZELT IN DIE ERSTE MORGENDÄMMERUNG. ES IST KURZ NACH VIER. MEINE TASCHENLAMPE LEUCHTET MIR DEN WEG, ALS ICH MIT KAMERA UND STATIV EINEN ZERKLÜFTETEN BERG ERKLIMME, UM DORT AUF DEN TAGESANBRUCH ZU WARTEN.

Es ist kalt – typisch für den Winter in der Sahara. Der Stein, auf dem ich sitze, fühlt sich an wie ein Eisblock. Weit und breit ist kein Lebenszeichen zu erkennen, und das einzige Geräusch ist ein leises Klingeln in meinen Ohren.

Zehn Minuten vergehen. Ein Hauch von Farbe im Osten kündigt die Morgendämmerung an, und die Sterne verblassen. Nur langsam treten Sand und Steine aus der umliegenden Dunkelheit heraus. Die Konturen werden von Minute zu Minute deutlicher. Noch immer kein Geräusch, kein Lebenszeichen. Man möchte meinen, die ganze Welt bestünde ausschließlich aus mineralischen Substanzen. Die Wirkung ist beklemmend und eindrucksvoll zugleich. Aus unterschiedlichen Blinkwinkeln schieße ich Foto um Foto und ändere dabei die Belichtung, um sie dem heller werdenden Himmel anzupassen.

Es ist Dezember 1993 und ich befinde mich tief in der Sahara, in Tassili Ahaggar, dem Niemandsland zwischen Algerien und Niger. Hier herrscht sogar nach Wüstenmaßstäben extreme Trockenheit. Quellen sucht man vergeblich. Wir haben Wasser aus der Oase Tamanrasset mitgenommen und unseren Benzintank randvoll gefüllt. Mein Führer ist ein älterer Tuareg. Wir sind seit fünf Tagen mit Auto und Zelt unterwegs.

Eine halbe Stunde nach Tagesanbruch geht die Sonne über dem Horizont von Tassili Ahaggar auf. Die kahle abweisende Umgebung gleicht einer Mondlandschaft, und die Luft ist kristallklar. Ich spüre die Wärme der Sonne auf dem Rücken. Die Szenerie ist imposant, wie am Ende der Welt.

1972 reiste ich zum ersten Mal in die Sahara. Ich war damals Mitte zwanzig und arbeitete erst seit einem Jahr freiberuflich als Fotograf. Die ersten Schritte meiner Karriere waren ausschließlich profitorientiert, und ich hatte nur ein einziges Ziel vor Augen: mir meinen Lebensunterhalt zu verdienen.

Es war die Sahara, die einen Fotografen aus mir gemacht hat. Seltsamerweise fand meine erste Begegnung mit der Sahara in den Alpen statt, als Freunde mich auf eine Skitour einluden und die Idee zu der Reise entstand. Zurück in Paris erstand ich zusammen mit einem Freund eine verbeulte Klapperkiste, mit der wir nach Spanien fuhren.

18 Eine Braut, die am Hochzeits-*mousem* in Imilchil, im Atlasgebirge, teilgenommen hat.
21 Verwehungen aus extrem feinem, kugelförmigem Quarzsand, der durch Erosion entstanden ist.

Dort angekommen kauften wir uns eine Landkarte und studierten sie. Wir brauchten nur die Straße von Gibraltar zu überqueren, die Europa von Afrika trennt, dann konnten wir auf einer geteerten Straße tief ins Wüsteninnere weiterfahren. Das war uns zuvor nicht bewusst gewesen. Die Sahara – war das nicht die Wüste aus dem Film *Lawrence von Arabien*? Die Verlockung war unwiderstehlich.

Kurz darauf waren wir in Richtung Süden unterwegs, durch den Osten Marokkos nach Algerien, wo es immer trockener wurde. Die karge Landschaft und der blaue Himmel waren überwältigend. Wir befanden uns inmitten eines unvorstellbar großen windgepeitschten Sees aus Sand. Wunderschön – nichts als Sand, Steine und Sterne am Himmel. Und plötzlich, inmitten der Leere, erblickten wir eine Oase, die von »Gefangenen« des Sandes bevölkert zu sein schien. Von zähen Menschen, die ein entbehrungsreiches Leben führten. Es war eine neue Dimension. Von diesem Moment an war ich selbst von diesem seltsamen Land gefangen – obwohl meine ernsthaften Reisen in die Sahara erst im folgenden Jahr beginnen sollten.

Am Abend des zweiten Tages kamen wir in der Oase Kerzaz im Süden Algeriens an. Nachdem wir in einem einfachen Restaurant an der Straße etwas gegessen hatten, war unser Hunger gestillt, doch wussten wir immer noch nicht, wo wir schlafen sollten. Da kam ein junger Mann auf uns zu, der sich als Grundschullehrer vorstellte und uns anbot, bei ihm zu übernachten. Sein Dorf lag etwa zehn Minuten von der Hauptstraße entfernt. Die Schule und das Schlafquartier der Lehrer befanden sich etwas außerhalb. Unser Gastgeber war freundlich und gesprächig, aber leider

konnten mein Freund und ich so schlecht Französisch, dass die Unterhaltung schnell ins Stocken geriet. Schließlich gaben wir auf, legten uns auf unsere Matratzen und schliefen sofort ein.

Der nächste Morgen begrüßte uns mit strahlendem Sonnenschein. Als wir aus dem Haus traten, bot sich uns eine beeindruckende Aussicht: Vor uns türmte sich eine Düne auf, eine überwältigende Wand aus Sand.

Was für ein Anblick! Die Düne musste gut 200 Meter hoch sein und gipfelte in einer exquisiten, wellenförmigen Kurve vor dem klaren Himmel. Noch immer im Halbschlaf kam es mir vor, als wäre ich mitten im Schulhof auf ein fantastisches Schloss gestoßen.

In diesem Moment kam vom Dorf ein Ziegenhirte mit seiner Herde auf uns zu. Ich wusste natürlich, dass in Wüstenoasen Menschen leben, war jedoch überrascht, wie unmittelbar Mensch und Natur hier miteinander verknüpft sind. Einer meiner Freunde, der in Paris geblieben war, hatte mir gesagt: »Die Wüste? Man macht eine Aufnahme gegen die Sonne, eine Aufnahme mit der Sonne im Rücken, und das war's – mehr gibt's dort nicht zu fotografieren.« Er hatte sich getäuscht. Die Wüste – diese neue Dimension – war alles andere als langweilig und einfach.

Wir fuhren weiter Richtung Süden. Die klare Luft der Sahara im Februar ist ein wahrer Genuss. Wir begegneten selten anderen Autos, machten uns aber deshalb keine Sorgen, denn unsere Straße war deutlich auf der Karte eingezeichnet. Allerdings schwitzten wir jedes Mal, wenn wir uns einem Sandhügel näherten, den der Wind uns in den Weg geweht hatte. Jede bewältigte Hürde dieser Art verlieh mir das Gefühl, weiter in die mysteriösen Tiefen der Sahara einzutauchen.

Die Oase lag wie ein Edelstein in der Ödnis. Das Dorf bestand aus Häusern mit irdenen Wänden und kleinen Gehöften, denen Dattelpalmen Schatten spendeten. Als wir uns näherten, bemerkten wir einen einfachen Friedhof. In seiner Mitte befanden sich die Gräber der Dorfgründer und heiligen Männer, denen durch eine weiße Farbschicht, auch als *marabuto* bekannt, Würde verliehen worden war. Sie waren von zahllosen Grabsteinen einfacherer Verstorbener umringt – Symbole für die vielen Generationen von Menschen, die in der winzigen Oase in einem ununterbrochenen Kreislauf geboren worden waren und gestorben sind.

Die Lebensader des Dorfes ist ein Aquädukt, das über einen Tunnel von einer tief in einem Berg verborgenen Quelle gespeist wird. Ein komplexes Bewässerungsnetz versorgt jedes Gehöft mit Wasser. Nur fünf Zentimeter breite Bewässerungsgräben aus Beton, die an Kapillare erinnern, verhindern durch die geringe Oberfläche, dass zu viel Wasser verdunstet. Das leise Plätschern in den moosbedeckten Rinnen machte mir nicht zum ersten Mal bewusst, dass Wasser Leben bedeutet.

Ich lernte eine Familie kennen, die dort wohnte. Der Haushalt bestand aus einem älteren Paar, den beiden Schwiegertöchtern und Enkeln. Es war augenfällig, dass ihr winziger Besitz niemals so viele Menschen ernähren konnte. Die Söhne des älteren Paares arbeiteten in einer fernen Stadt – einerseits, um ihre Familie zu unterstützen, andererseits, weil sie es für ihre Pflicht hielten, alles zu unternehmen, um den Eltern eine Pilgerreise nach Mekka zu ermöglichen. Danach sehnten sich die beiden wie alle Muslime.

Fünf Jahre später besuchte ich die Familie erneut. Die Zeit hatte bei den Alten ihre Spuren hinterlassen. Zwei Jahre zuvor hatten die beiden ihre Pilgerreise endlich machen können. Jetzt verbrachten sie ihre Tage ruhig und voller Zufriedenheit darüber, den Rang eines Hadschi und einer Hadschia erlangt zu haben, der Muslimen nach ihrer Rückkehr aus Mekka zusteht.

Bis zu meinem nächsten Besuch der Oase vergingen 14 Jahre. Als ich dort eintraf, stellte ich fest, dass die Straßen geteert, Stromleitungen gelegt worden waren und viele Häuser über Antennen verfügten. Die beiden Alten waren inzwischen verstorben. Ihre einfachen Grabsteine trugen keine Inschrift und waren bereits mit einer dünnen Sandschicht bedeckt. Bald würden sie ganz verschwunden sein. Unglasierte Tonkrüge waren mit Wasser für die Verstorbenen gefüllt worden. Der sengenden Sonne und den Stürmen ausgesetzt, zerfielen sie nun selbst wieder zu Sand.

Am südlichen Rand der Sahara, der so genannten Sahelzone, weicht die Wüste der Savanne. Ich war erstmals im April 1975 dort. Es war unerträgliche 50 Grad heiß, und es wütete seit Tagen ein Sandsturm, der die Sicht fast auf null reduzierte.

Diese Wildnis wird von zahlreichen Rindern durchstreift. Im Gegensatz zu Hausrindern, die auf eingezäunten Weiden grasen, sind diese großen mageren Tiere Sieger eines stetigen Überlebenskampfs, der sich in ihrem verwilderten Aussehen zeigt.

Ich beobachtete, wie Hirten ihre Rinderherde zu einem Brunnen trieben, an dem auch andere Tiere tranken. Kamele, Ziegen und Rinder drängten herbei, während einige Männer Wasser schöpften. Zahllose Leben hingen von diesem einzigen Brunnen ab.

Vor ein langes Seil waren Kamele und Esel gespannt, um das Wasser aus dem Brunnen zu ziehen. Das Seil war fast 100 Meter lang, also musste der Brunnen entsprechend tief sein. Als der Sahel immer trockener wurde, gruben die Menschen immer tiefer, bis der Brunnen seine gegenwärtige Tiefe erreicht hatte.

Neben dem Brunnen befand sich ein Wassertrog aus Beton. Der Hirte klopfte dem Leitrind sanft mit einem Stock auf ein Horn, worauf die ganze Herde zum Wasser strömte. Die Tiere tranken gierig. Nachdem die Herde getränkt war, wurde sie weggetrieben, um Platz für die nächste zu schaffen.

An einem hölzernen Flaschenzug, dessen Geräusche an schmerzerfüllte Schreie erinnerten, war ein Wassereimer befestigt, der unentwegt in Bewegung war. Jähe Böen wirbelten Sand und Staub auf, die die Sicht trübten und die ganze Welt auszulöschen schienen – alles, bis auf die markerschütternden Klagelaute des Flaschenzugs.

Ein Freund von mir reiste zehn Jahre später durch diese Gegend, als in Afrika eine schreckliche Dürre herrschte. Er fand eine unheimliche Stille vor – kein Lebenszeichen. Sechs Jahre später kehrte ich selbst zurück. Der Brunnen sah genauso aus wie damals, und der Flaschenzug quietschte nicht weniger erbärmlich.

»Wissen Ameisen, die am Boden krabbeln, eigentlich von der Existenz des Menschen?«

Solche Gedanken ruft nur die Sahara hervor. Im Mai 1975 durchquerte ich mit meiner Frau in einem Land Rover die Wüste in südlicher Richtung. In Niger machten wir kehrt und fuhren durch den östlichen Teil des Ténéré-Nationalparks nach Algerien. Im Gegensatz zu anderen Routen durch die Sahara herrschte auf dieser fast kein Verkehr. Es war ein Teil dieses Abenteuers, dass unser Auto das einzige weit und breit war und wir unsere Sicherheit deshalb nicht als selbstverständlich betrachten konnten.

Im Licht der gleißenden Sonne schien der flimmernde Horizont zu wanken. Die einzige Orientierungshilfe waren die unzähligen Reifenspuren, denen wir, so gut wir konnten, folgten. Am Anfang erforderte das einigen Mut. Später bemerkten wir Markierungspfeiler, die den Weg in regelmäßigen Abständen säumten. Zumindest bestand keine Gefahr mehr, dachten wir erleichtert, von der Route abzukommen.

Bei Sonnenuntergang schlich sich die typische Kälte der Wüste in die Luft, und die Temperatur sank rapide. Bevor es dunkel wurde, machten wir Halt, breiteten unsere Liegematten aus und streckten uns in der Abendluft aus. Bald begannen am Himmel die Sterne zu funkeln. Weit und breit war kein Lebenszeichen, kein Geräusch auszumachen – nichts, bis auf die Bewegung der Sterne, die den Fluss der Zeit markierten.

Manchmal ertappe ich mich in Situationen wie dieser dabei, dass ich über das Mysterium des Lebens nachdenke. Existiert vielleicht noch eine andere Welt, deren Realität sich unabhängig von unserer entfaltet, die aber doch in der gleichen physikalischen Beziehung zu uns steht wie eine Seite eines Papierbogens zur anderen? Ameisen, zum Beispiel, erledigen ihre Aufgaben in straff organisierten Staaten, ohne die leiseste Ahnung von der Existenz der Menschheit zu haben. So gesehen war es gar nicht so abwegig, über die Existenz höherer Lebewesen zu spekulieren.

Insgesamt habe ich fast zwei Jahre damit verbracht, die Sahara zu bereisen. An einen Tag erinnere ich mich ganz besonders deutlich: den 28. Juni 1975. Ich war damals in Fezzan, im Süden Libyens unterwegs. Am Vortag hatten wir uns einer Kamelkarawane angeschlossen, die aus dem Tschad kam und nach Norden zog. Zehn Männer begleiteten 264 Kamele, die am Zielort ihres Fleisches wegen geschlachtet werden sollten. Das Gelände war vollkommen flach, und es gab, so weit das Auge reichte, nichts zu sehen. Ich folgte der Karawane in einem Land Rover und fotografierte sie aus verschiedenen Perspektiven.

Tagsüber bestimmten die Karawanenführer ihre Route anhand der Schatten, nachts orientierten sie sich am Polarstern. Während der drei Stunden, in denen die Sonne direkt über uns stand und keinen Schatten warf, rastete die Karawane, den Rest des Tages und die ganze Nacht hindurch zog sie ohne Pause weiter. Sich unnötig in dieser Wüste aufzuhalten gilt als Tabu, voranzukommen ist von alles entscheidender Bedeutung. 264 Kamele sind eine riesige Herde, deren Reihen endlos erscheinen. Als ich sie einmal ein Stück weit davonziehen ließ und dann wieder aufsah, hatte die unendliche Wüstenlandschaft sie zu winzigen Punkten reduziert. Ihre unzähligen Fußabdrücke im Sand waren der einzige Beweis dafür, dass sie keine Fata Morgana waren.

Eines Morgens, um kurz nach zehn, fiel eines der Kamele plötzlich zurück. Die Karawane legte eine Pause ein. Nachdem die Männer ihr Mittagessen zu sich genommen hatten, machten sie sich daran, das geschwächte Kamel zu schlachten. Sie fesselten Rumpf und Beine des Kamels und stießen ihm dann ein scharfes Messer in den Hals.

Im Handumdrehen verfärbte sich der weiße Sand purpurrot, und der Geruch von Blut hing in der trockenen Luft. Inmitten des sprudelnden Blutes sah ich die durchtrennte Halsschlagader des Tieres. Nachdem es seinen letzten Atemzug getan hatte, schlitzten die Männer ihm den Bauch auf und trennten seine Gliedmaßen ab. Die Schlachtung eines Tieres, das größer ist als ein Pferd, inmitten einer gewaltigen Wüste war ein erschreckender, erschütternder Anblick. Die Männer schnitten zügig die besten Fleischstücke aus dem Kadaver. Den Rest ließen sie liegen.

Bevor die Männer wieder aufbrachen, reinigten sie sich die blutverkrusteten Hände und Gesichter mit Sand. Sie wandten sich Richtung Mekka, verbeugten sich mehrmals und beteten andächtig, während der ausklingende Nachmittag ihre Schatten verlängerte. Anschließend wurde der Zug nach Norden fortgesetzt. Vor dem klaren blauen Himmel erschien mir die Prozession wie eine Fata Morgana. Trotzdem konnte ich nicht vergessen, dass vor dieser Kulisse – wie in dem japanischen Lied »Tsuki no Sabaku«, »Wüstenmond« – eine grausige Schlachtung stattgefunden hatte.

26–27 Die Kameltreiber beten gen Osten in Richtung Mekka, bevor die Karawane loszieht.
Sie orientieren sich tagsüber an der Sonne, nachts an den Sternen.

28–29 Das Grenzgebiet zwischen
Algerien und Niger ist heutzutage
extrem trocken. Jahrtausendealte
Wandmalereien belegen, dass hier
einst üppige Vegetation herrschte.

30–31 Basalt-Gipfel im
südalgerischen Ahaggar-Gebirge –
Überreste vulkanischer Aktivität
vor etwa zwei Millionen Jahren.

32–33 Die Abendsonne taucht
die Dünen in goldfarbenes Licht.
Der normalerweise blassbraune
Wüstensand kann je nach Stand der
Sonne minütlich die Farbe wechseln.

34–35 Ein Junge eilt über die
im Sonnenuntergang leuchtenden
Dünen nach Hause. In Westalgerien
erstrecken sich riesige Sanddünen
bis zum Rand der Oasen.

36–37 Eine Nomadin sucht nach
Kameldung, der als Brennstoff
Verwendung findet.

38–39 Eine Tuareg-Familie im
ausgedorrten Norden des Niger
in einem traditionellen Zelt aus
gegerbtem, zusammengenähtem
Rindsleder.

40–41 Tuareg-Nomaden kämpfen mit der
Dürre. Seit den 1970er-Jahren schreitet
die Desertifikation immer weiter fort.

42–43 Der Anführer einer maurischen
Ethnie der Westsahara, die derzeit von
Marokko besetzt ist.

44–45 Ein junger Tuareg. Der Überlieferung
der Tuareg zufolge ist ein Mann mit
unverhülltem Gesicht charakterlos und
nicht vertrauenswürdig.

46–47 Zwei Tuareg haben sich zur
nächtlichen Rast niedergelassen.
Selbst in den ruhigsten Nächten
können ohne Vorwarnung heftige
Sandstürme aufziehen.

49 Tuareg-Nomaden treiben ihre Kamele durch Staubwolken zu einer Wasserstelle.

50–51 Der kleine Bach vor der Karawane, die den sengend heißen Sand im Süden Libyens überquert, ist nichts weiter als eine Fata Morgana.

52–53 Tuareg-Nomaden rasten im
Ahaggar-Gebirge mit ihren Ziegen
im eisigen Winterwind.

54–55 In der Sahelzone, der Halbwüste
am südlichen Rand der Sahara, mussten
die Brunnen aufgrund mehrerer Dürren
in Folge 100 Meter tief gegraben werden.
Mithilfe von Rindern und einem
Flaschenzug wird das Wasser
zu Tage gefördert.

56–57 Das Vieh drängt sich um einen
Brunnen in der Sahelzone, der über eine
elektrische Pumpe verfügt. Die Nomaden
müssen darauf achten, dass sich ihre
Herden nicht vermischen.

MAROKKO

ATLASGEBIRGE

58

58–59 Der Ort Imilchil liegt auf
2200 Meter Höhe in einem Tal des
Atlasgebirges. Jedes der Täler, die
durch steile Felswände vom Klima der
Sahara und des Mittelmeers abgeschirmt
werden, konnte seine einzigartige
traditionelle Kultur bewahren.

60–61 Eine junge Frau aus Imilchil
hütet ihre grasenden Schafe. Das
Muster auf ihrer Kopfbedeckung
ist das Symbol ihrer Sippe.

62–63 Früher Winter im Atlasgebirge.
Eine Familie auf der Rückkehr
vom Wochenmarkt.

64 Die Sahara

64–65 Nomaden lassen ihr Hab
und Gut beim Abstieg vom Berg von
Pferden und Maultieren über die
steilen Hänge transportieren.

66–67 Ein Mann im *jalabah*, einem
traditionellen marokkanischen Gewand,
das im Atlasgebirge, wo im Winter extreme
Kälte herrscht, weit verbreitet ist.

68 Ein junger Berber kommt beim *mousem*
(Fest der Heiligen) an.

69 Ein kleiner Junge liest in einer islamischen
Madrassa-Schule im Koran.

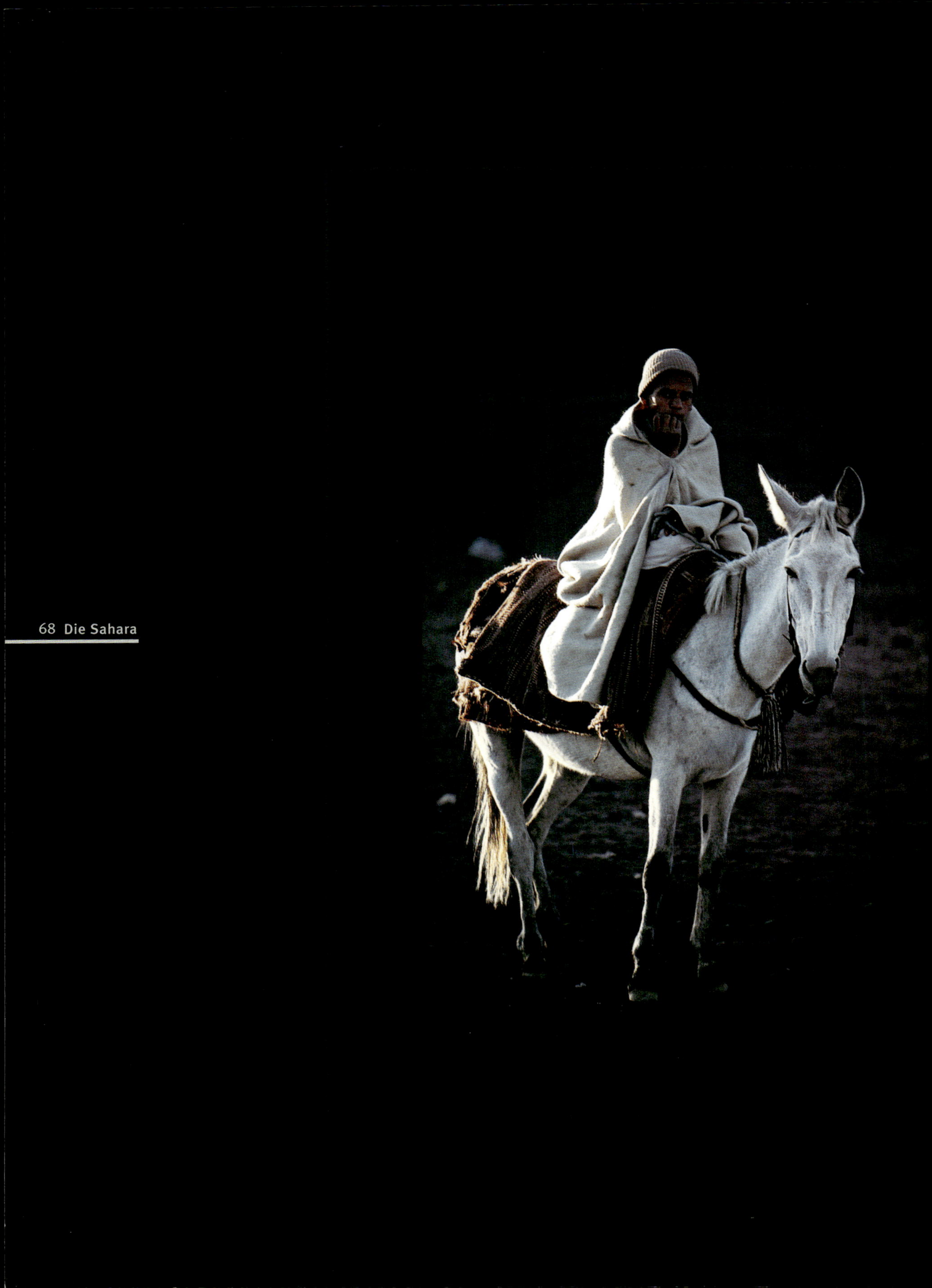

71 Berberkinder in einem Gebirgsdorf. Jedes Tal hat seine eigene charakteristische Tracht.

72–73 Eine Nomadenfamilie, die auf
2700 Meter Höhe in den Bergen lebt. Im
Gegensatz zur Wüste ist das Atlasgebirge
mit üppigen Weiden gesegnet.

74–75 Eine junge Mutter stillt ihr Kind in
der Küche ihres Heims. Im Gegensatz zu
arabischen Nomaden tragen Berberfrauen
keine Gesichtsbedeckung, und es gilt
nicht als Tabu, sich fotografieren zu lassen.

76–77 Eine alte Frau ruht sich zusammen mit
ihrer Enkelin aus. Im östlichen Atlasgebirge
gibt es ausgedehnte Wiesen, auf denen
Berbernomaden riesige Schafherden weiden.

78–79 Eine Berberin aus dem Atlasgebirge steht in ihrer verrauchten Küche, beleuchtet vom Sonnenlicht, das durch eine Öffnung in der Decke strömt.

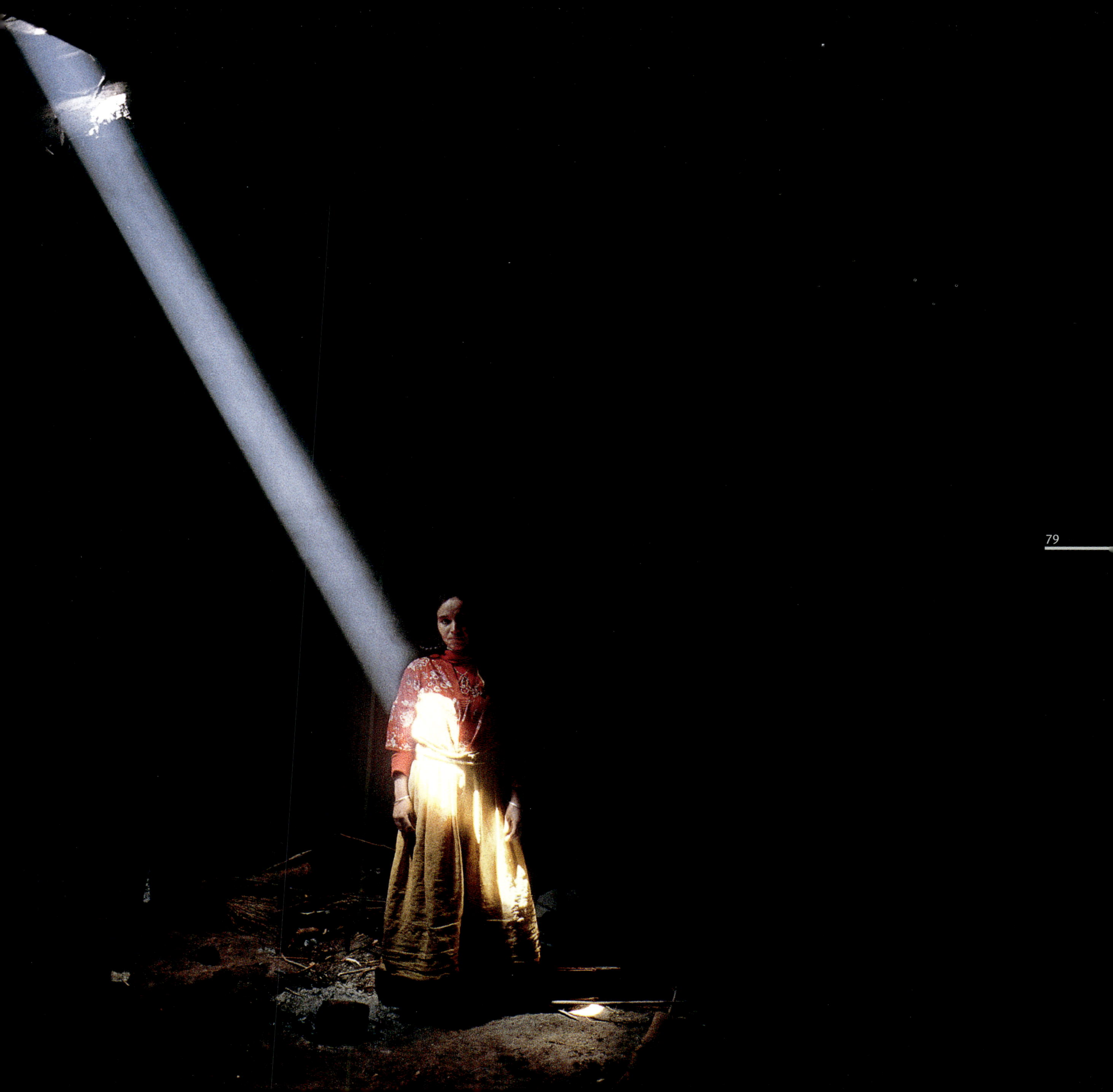

80 und 80–81 Anlässlich des *mousem*
(Fest der Heiligen) findet in Imilchil der
größte Schafmarkt im Atlasgebirge statt.
In dieser Region wird das *mousem* im
September gefeiert.

82–83 Gläubige beim *mousem* in der heiligen Stadt Bou Jaad, 200 Kilometer südlich von Rabat. Die Nachfahren der in Mausoleen bewahrten Heiligen errichten eine ausgedehnte Zeltstadt, in der sie sich für mehrere Tage versammeln, um soziale Kontakte zu pflegen.

84–85 Ein älterer Teilnehmer am
mousem in Bou Jaad, für das sogar
nach Europa ausgewanderte Nachfahren einmal im Jahr heimkehren.

Die *medina*

ALTE STADTVIERTEL, GEFANGEN IM MITTELALTER

86–87 Die *medina* (»altes Stadtviertel«) von Fès, die Geburtsstätte der marokkanisch islamischen Kultur. Umgeben von Mauern, breitet sie sich um die El Karawijin, die älteste Moschee Nordafrikas, aus.

88–89 Ein alter Mann schlurft durch die hügeligen Gassen von Chechaouene, einer in die Berge Nordmarokkos eingebetteten Ortschaft. Ihre weißen Mauern sind beeindruckend schön.

90–91 Ein Gläubiger überquert auf
dem Weg zum Gebet den Hof der
Moschee El Karawijin in Fès. Vor dem
Betreten des heiligen Bodens muss
das Schuhwerk ausgezogen werden.
Nicht-Muslimen ist der Zutritt
strengstens untersagt.

92–93 Reisende warten im alten
Viertel von Rabat frühmorgens
auf den Überlandbus.

94–95 Schwarz gekleidete
Frauen. Die arabische
Gesellschaft im Osten
Marokkos lebt streng nach
den Vorschriften des Koran.

96–97 Eine Frau verkauft im Morgengrauen hausgemachtes Brot
an einer Straßenecke im alten Viertel von Marrakesch.

98–99 Ein Kind in Imilchil im
Atlasgebirge genießt an einem
Wintermorgen die Sonne.

100–101 Diese Färberei in Fès ist auf
Tierhäute spezialisiert. Der Gestank
rund um die Anlage ist unerträglich.
Am Straßenrand liegen frisch
abgetrennte Rinder- und Schafsköpfe.

Bräute

des Atlasgebirges

102–103 Eine Braut in ihrem Staat. Jedes Jahr im September, wenn sich in Imilchil Zehntausende zum *mousem* versammeln, feiern junge Paare der Ait Yazza mit aufwändigen Zeremonien Hochzeit.

104

104 und 104–105 Die Ait Yazza, eine Berber-Ethnie,
die in der Umgebung von Imilchil beheimatet ist,
veranstalten ihre Massenhochzeiten, die so
genannte *tamaghara*, unabhängig von den
Massenverheiratungen beim *mousem*.

106–107 Die *tamaghara*, die von den Eltern junger Leute in heiratsfähigem Alter veranstaltet wird, findet alle vier bis fünf Jahre statt. Interessanterweise lassen sich fast alle der dabei vermählten Paare innerhalb eines Jahres scheiden, manche sogar schon nach einer Woche. Danach schließen sich die Männer und Frauen nach Belieben zusammen und heiraten wiederholt, bis sie sich letztendlich niederlassen und eine Familie gründen. Dieser Brauch steht in krassem Gegensatz zur islamischen Strenge in Bezug auf sexuelle Beziehungen.

108 und 108–109 Alle Mädchen in der Familie, die älter als zwölf Jahre sind, kleiden sich als Braut, nachdem der Gesundheitsbeauftragte des Dorfes ihnen schriftlich die Jungfräulichkeit bescheinigt hat.

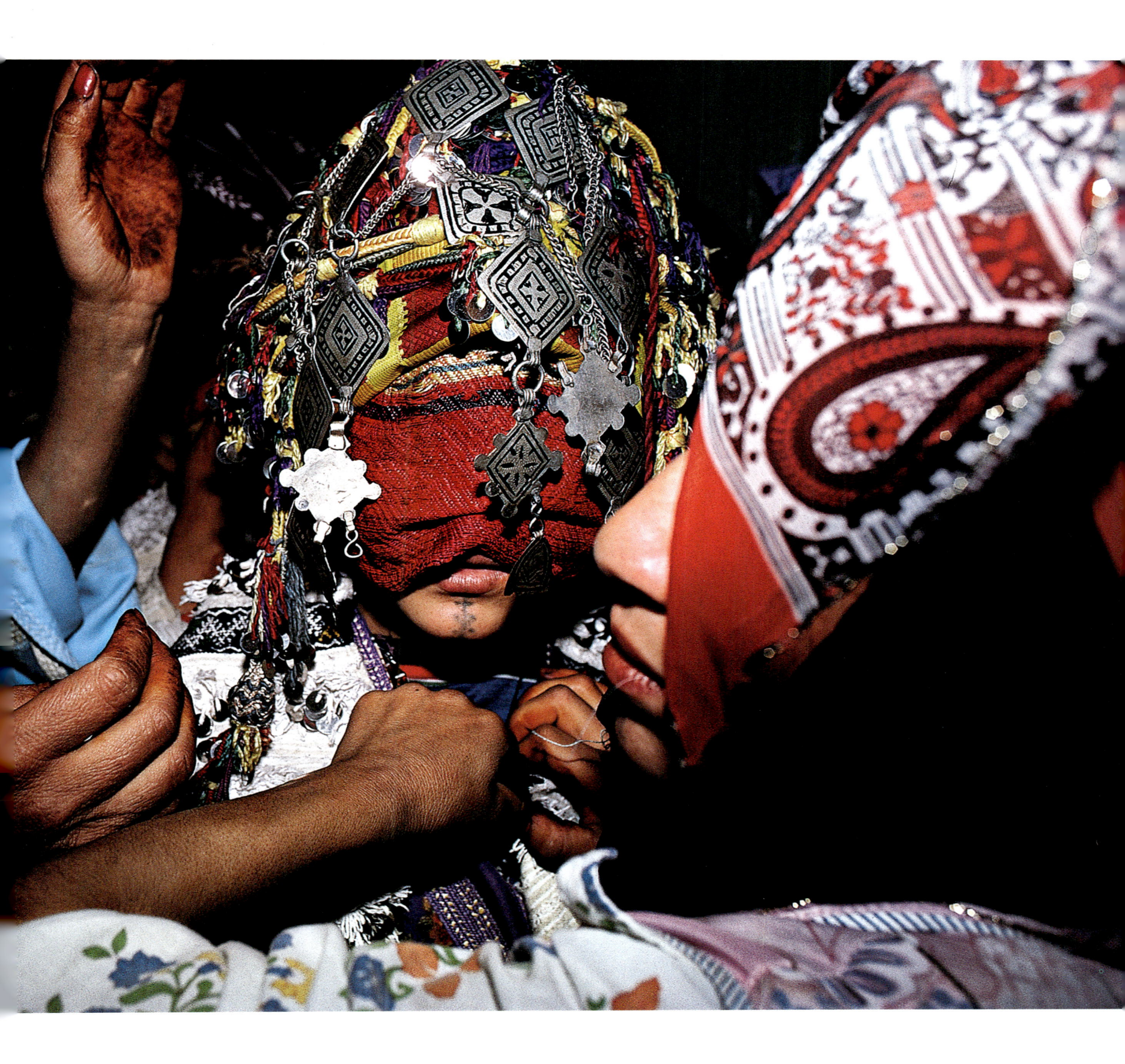

110–111 Begleitet von Liedern und Trommeln reiten die Bräute auf Maultieren zur Vermählungszeremonie. Vom Dach eines Hauses werden sie dabei von den Bräutigamen beobachtet. Massenverheiratungen junger Frauen sind ein Brauch der Ait Yazza und der Übergangsritus ins Erwachsenenleben.

TIBET

HOCHBURG DES BUDDHISMUS

TIBET

HOCHBURG DES BUDDHISMUS

IM HERZEN DER EURASISCHEN LAND-MASSE, EINGEGRENZT VOM HIMALAJA, VOM KUNLUN SHAN, VOM KARAKORUM UND VOM MIN SHAN, LIEGT DAS RIESIGE TIBETISCHE HOCHPLATEAU.

Die Tibeter, die fromme Buddhisten sind, vergleichen Berge mit Lotosblüten. Tibet ist ein reines Land, sagen sie, das von Avalokiteshvara, der Gottheit des Erbarmens, gesegnet ist. Dank seiner bergigen Landschaft ist Tibet eine natürliche Festung. Es war lange von der Außenwelt abgeschnitten und bis vor kurzem ein friedliches buddhistisches Land.

Die klare Luft, zahllose Seen, schneebedeckte Gipfel und Steppen verleihen dem Plateau seine atemberaubende Schönheit – eine Schönheit, die in gewisser Weise trügerisch ist, da sich hinter ihr ein unvorstellbar harter Lebensraum verbirgt.

In den Tälern ist eingeschränkt Ackerbau möglich, ansonsten wachsen auf der kalten, 4000 Meter über dem Meeresspiegel gelegenen tibetischen Hochebene nicht einmal Bäume. Diese »vierte Polarregion« ist eine Welt der Nomaden. In den drei Sommermonaten wächst eine spärliche Menge an Weidegras, während des restlichen Jahres bringt der beinahe ständig gefrorene Boden überhaupt nichts hervor. Vor Jahrhun-derten zähmten die hier lebenden Menschen den wilden Yak, der ihnen bis heute Nahrung sowie Felle für Kleidung und Zelte liefert.

Da es keine Bäume gibt, ist Yakdung der einzige Brennstoff. Im Winter, bei Temperaturen um 30 Grad unter null, wäre das Leben unerträglich, wenn in den Zelten aus Yakfell nicht den ganzen Tag die Öfen brennen würden und es keinen heißen Buttertee gäbe. Da kaum Weidegras vorhanden ist, produzieren die Tiere den ganzen Winter über fast keine Milch. Die Nomaden sammeln jeden Morgen, nachdem sie ihre Yaks auf die Weiden getrieben haben, den Dung ein, der sich über Nacht angehäuft hat. Als ich den Frauen zusah, wie sie ihn in Körbe warfen, die sie auf dem Rücken trugen, gewann ich einen Eindruck davon, welche bedeutende Rolle die Yaks als Brennstofflieferanten spielen. Da Yakdung lange brennt, ist er genau die Art von Brennstoff, die Tibet braucht.

Zelte aus Yakfell bieten perfekten Schutz, da sie wasserdicht sind und den Winden trotzen. Die Luftzirkulation im Inneren ist gut. Aufgrund ihrer schwarzen Färbung speichern sie Wärme, sodass es in ihnen zumindest tagsüber einigermaßen warm ist.

Die Nomaden ernähren sich überwiegend von Milchprodukten, ergänzt durch Fleisch von Tieren, die

112 Mönche wandern im Schneetreiben zum Gebet.

115 Der Sutlej fließt von der Kailashkette hinab durch die raue Landschaft.

sie selbst schlachten. Kalorien nehmen sie in erster Linie durch Buttertee zu sich, von dem sie täglich zehn Tassen trinken. Zu ihren anderen Speisen gehören *tsampa* (Gerstenmehl), *cha-bagchung* (in Blöcke gepresster Schwarztee) sowie Salz aus den Salzseen der Changthang-Hochebene.

Im Hochland ist der gefrorene Boden mit einer 30 Zentimeter dicken Humusschicht bedeckt, die sich über Jahrhunderte gebildet hat und verflochtene Graswurzeln enthält. Ginge diese Schicht verloren, würde sich das Hochland in kürzester Zeit in eine Wüste verwandeln. Das Gras, das auf diesem Boden wächst, ist das erste Glied in der Nahrungskette, da es das Vieh ernährt. Für die Tibeter ist die Erschließung von Bauland seit jeher tabu – was wohl auf die buddhistische Lebenseinstellung zurückzuführen ist, die von der einzigartigen Landschaft bestärkt wird.

Diese Lebenseinstellung, die auf dem Glauben an die Seelenwanderung basiert, zeigt sich nirgends deutlicher als im tibetischen Ritual der Himmelsbestattung. Nachdem die Priester einen Toten mit den obligatorischen Gebeten bedacht und seine Seele auf ihren Weg geschickt haben, wird der Leichnam nur noch als leere Hülle betrachtet. So werden die Leichname von Verstorbenen zerstückelt und den Geiern zum Fraß vorgeworfen, damit der menschliche Körper auch nach dem Tod ein Teil des Ökosystems bleibt. Alternativen gibt es ohnehin keine, da es zur Einäscherung an Brennholz mangelt und der gefrorene Boden, der den Verwesungsprozess verlangsamt, eine Erdbestattung unmöglich macht.

An Himmelsbestattungszeremonien dürfen keine Außenstehenden teilnehmen, geschweige denn Aus-

länder, doch mit etwas Glück schaffte ich es, einer beizuwohnen. Sie fand an einem Vormittag statt, an dem ich gerade eine kleine Stadt im Osten Tibets verlassen hatte. Entlang der Straße wehten zahlreiche Gebetsfahnen, so genannte *tharchok*, die in diesem Teil des Landes heilige Stätten kennzeichnen. Als ich Rauchschwaden aufsteigen sah, fragte ich meinen Führer, was das zu bedeuten habe. Er erklärte mir, dass vermutlich Vögel zu einer Himmelsbestattung angelockt würden. War das tatsächlich möglich? Sprachlos starrte ich den emporsteigenden Rauch an. Neben der heiligen Stätte rasteten drei Männer mit zwei Pferden. Sie hatten den Leichnam hierher gebracht. Die Verstorbene, erzählten sie, sei ein elfjähriges Mädchen, das vom Pferd gefallen und an einem Leberriss gestorben war. Allein während wir ihnen zuhörten, flogen gut 30 Geier herbei und kreisten über einer Hütte auf dem umfriedeten Zeremoniengelände.

Dann begann die Verstümmelung des Leichnams. Mit meiner Kamera in der Hand versteckte ich mich in etwa 50 Metern Entfernung hinter den *tharchok*. Was würden die Männer tun, wenn sie mich sähen? Sie schenkten mir jedoch keine Aufmerksamkeit. Ein Priester mit einer Schürze legte den Leichnam auf einen Stein vor der Hütte und fing an, ihn zu zerstückeln. Mal im Stehen, mal in der Hocke setzte er mit geübten Handgriffen Beil und Messer ein. Jedes Mal, wenn er aufstand, entdeckte ich neue Blutspritzer auf seiner Schürze.

In einer Ecke der Hütte kauerte ein Wächter und passte auf, dass die Vögel nicht zu früh herabstießen. Der Priester legte während seiner Arbeit mehrere Pausen ein; manchmal redete und lachte er mit dem

117 Ein vom Wind verwitterter Stupa in westtibetischen Toling.

118–119 Ein Stupatempel in Toling im Licht der Nachmittagssonne. In Toling, im 11. Jahrhundert das Zentrum des westtibetischen Buddhismus, befinden sich über 100 Stupas, einige sind aufgrund von Erosion nur noch Ruinen.

Wächter. Die Stimmung war so heiter und gelöst, als wäre ein Schaf geschlachtet worden. Wenn der Priester eine Zeit lang gearbeitet hatte, hielt er einen abgetrennten Arm oder irgendeinen anderen Körperteil hoch, und legte dann eine kurze Pause ein, um sich wieder mit dem Wächter zu unterhalten.

Nach etwa 20-minütiger Arbeit warf der Priester schließlich zwei Stücke Fleisch in Richtung der kreisenden Vögel. Auf dieses Signal hatten sie gewartet. Sie stürzten sich auf den reich gedeckten Gabentisch, und

im Handumdrehen war alles vorbei. Nachdem die Vögel satt waren, flogen sie in den bewölkten Spätnachmittagshimmel davon.

Das war also eine Himmelsbestattung, bei der die Toten den Lebenden als Gabe dargeboten werden. Für Tibeter ist dieses Ritual völlig natürlich, doch für mich war es ein schockierendes Erlebnis. Als ich mit dem Fotografieren fertig war und zum Auto zurücklief, war ich so erschüttert, dass ich meine ganze Kraft aufbieten musste, um mich auf den Füßen zu halten.

120–121 Die Ruinen des
Königreichs Guge erstrecken
sich auf dem Höhenzug von
Tsaparang (Mitte). Das
Königreich Guge bestand
600 Jahre lang, ehe es 1630
von Ladakh gestürzt wurde.

122–123 Blick auf die
Ruinen des Königreichs Guge
in der Mondlandschaft von
Tsaparang. Das Licht der
untergehenden Sonne
sorgt für eine geradezu
dramatische Stimmung. Die
heutigen Konturen sind das
Ergebnis der Erosion des
Schlamms, der sich vor
langer Zeit auf dem See-
grund gesammelt hat.

124–125 Einige Nonnen umrunden die
riesigen Felsblöcke, die am heiligen See
Namtso nördlich von Lhasa emporragen.
Die beiden Felsblöcke gelten als
Schutzgottheiten des Sees.

126–127 Beim so genannten Labab Duchen
umrunden die Pilger einen Hügel, auf dem
ein Stupa steht. Das Fest wird am
15. Tag des neunten Monats im tibetischen
Kalender gefeiert. An diesem Tag steigt
Gautama Buddha vom Himmel herab,
um die Gebete der Mütter zu erhören.

128–129 Zwei gläubige Nomaden
beim Labab Duchen erwachen
nach einer Nacht im Freien.
Mitte November sinken die Nacht-
temperaturen in dieser 4700 Meter
hoch gelegenen Region bis
minus zehn Grad.

Winter
Weideland

130–131 Im Oktober siedeln die Nomaden von ihren Sommerweiden weit oben in den Bergen in die Gebirgsausläufer um. Den harten Winter verbringen sie in Häusern.

132–133 Ein Nomadenmädchen mit *tocha* im
Gesicht. *Tocha* ist eine Substanz, die aus
konzentrierter Buttermilch oder aus Wurzeln
besteht. Sie schützt die Haut vor ultravioletter
Strahlung und Austrocknung.

134–135 Ein Nomadenmädchen aus Westtibet. In dieser Region, die 5000 Meter über dem Meer liegt, schneit es sogar im Juni.

136–137 Ein Nomadenkind reist bequem in
einem Korb auf dem Rücken eines Yaks.
Yaks, die als Reittiere dienen, werden aus
Sicherheitsgründen die Hörner abgeschnitten.

138–139 Diese Aufnahme entstand
im November: Im Winter müssen die
Menschen oft eine 30 Zentimenter
dicke Eisschicht durchstoßen,
um an Wasser zu gelangen.

140 und 140–141 Eine Salzkarawane macht Rast. Im tibetischen Hochland gibt es unzählige ausgetrocknete Salzseen, die in prähistorischer Zeit zum Meeresboden gehörten. Das aus den ausgetrockneten Seen gewonnene Salz wird zum Verkauf bis nach Nepal transportiert.

142 und 143 Der Lebenszyklus beginnt in dieser extremen Höhe mit dem spärlichen Weidegras. Ohne ihr Vieh, das ihnen Milch, Fleisch und Dung, den einzigen Brennstoff, liefert, könnten die Menschen hier kaum überleben.

144 und 144–145 Die Nomaden wohnen in Zelten
aus schwarzem Yakfell, die dem stärksten Wind
trotzen, tagsüber die Wärme speichern und
stets hervorragend belüftet sind.

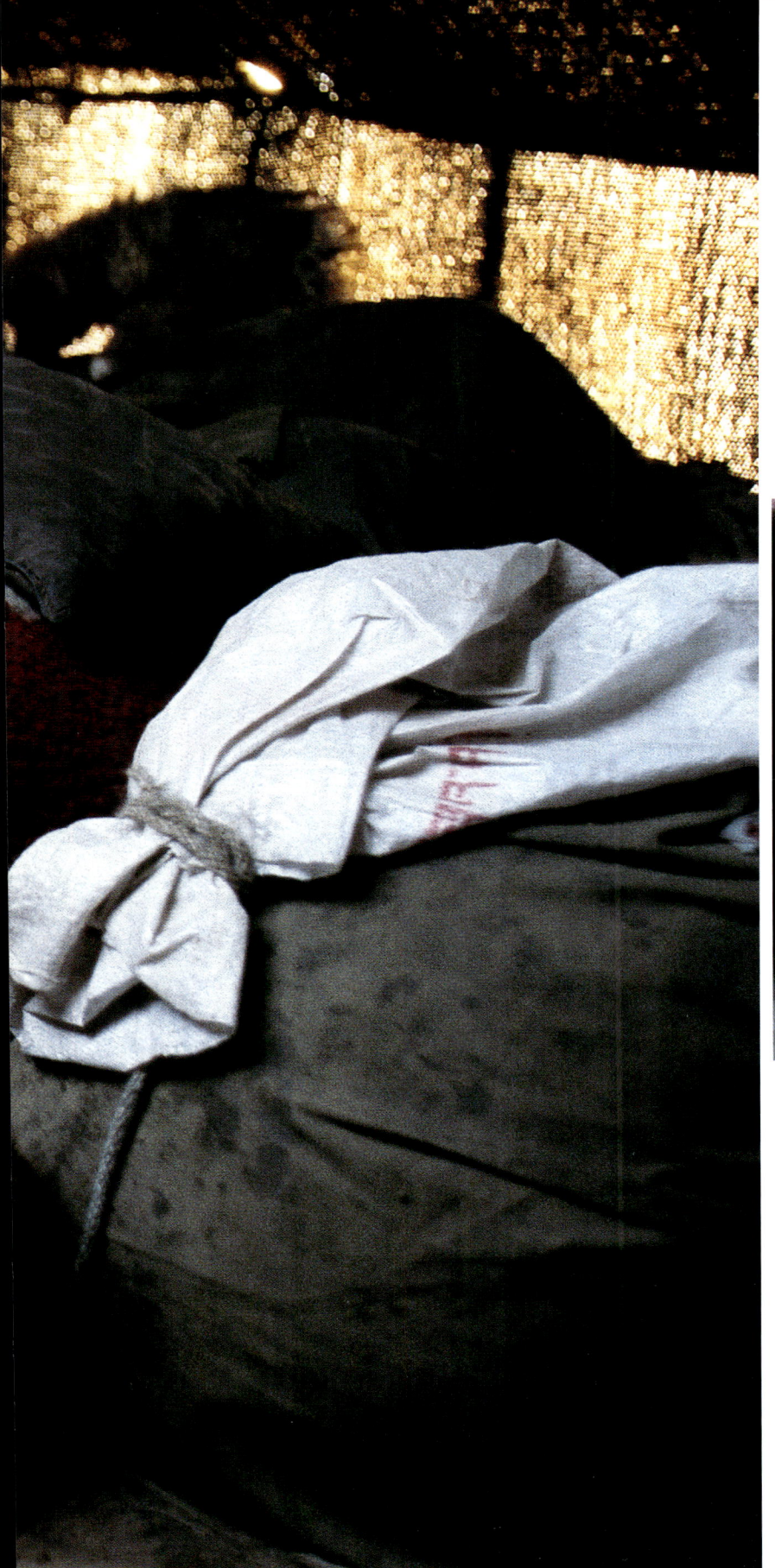

146–147 und 147 Obwohl die Außentemperaturen
im Winter auf 20 Grad unter null sinken, schlafen
die Nomaden nackt unter ihren Decken. Da ihr
warmer Atem in der kalten Luft gefriert,
sind die Decken mit Reif überzogen.

148 und 149 In der Kälte des tibetischen Hochlands baden die Menschen nur selten.
Etwas Schmutz schützt die Haut vor der extrem trockenen Luft.

150–151 Die »brandneuen« Porträts der Revolutions-
helden im Klassenzimmer stehen in starkem Kontrast zu
den ungewaschenen Kindern. Der katastrophale Zustand
der Grundschulen im ländlichen Tibet erklärt vielleicht
das häufige Fernbleiben vom Unterricht.

KAILASH

BERG DER GÖTTER, ACHSE DES UNIVERSUMS

DER KAILASH, DER HEILIGE BERG DER GÖTTER, ERHEBT SICH STEIL ÜBER DIE WESTTIBETISCHE WILDNIS.

Zum ersten Mal sah ich diesen atemberaubenden Berg 1984 in einer TV-Dokumentation. Doch war es weniger der Berg selbst, der meinen Blick auf den Bildschirm fesselte, als vielmehr die Pilger, die ihn mit hingebungsvoller Beharrlichkeit erklommen. Unter ihnen befand sich ein einbeiniger Hindu, der auf seinen Stock gestützt den ganzen Weg von Kalkutta zurückgelegt hatte und seit 20 Jahren unterwegs war. Schritt für Schritt hatte er sich bis auf eine Höhe von 5000 Metern in den Himalaja hineingekämpft. Dieser Kraftakt war jedoch nicht die einzige beachtliche Leistung: Andere hatten den ganzen Weg von Osttibet kriechend hinter sich gebracht. Auch sie waren seit 20 Jahren unterwegs.

Erstaunlich, dass all das in unserer modernen Zeit möglich war, dass es noch Menschen gab, die der Pilgerfahrt zum Kailash ihr ganzes Leben widmeten. Der einbeinige Hindu oder die tibetischen Pilger, die im quälenden Schneckentempo vorwärts robbten, waren keine asketischen Priester, sondern ganz gewöhnliche Menschen. Welche Anziehungskraft übte der Kailash auf sie aus? Ich wollte den Berg unbedingt mit eigenen Augen sehen. Das Problem war, dass man eine Sondererlaubnis brauchte, um zum Kailash zu reisen. Der Westen Tibets war damals sowohl politisch als auch geografisch die unzugänglichste Region der Welt.

Meine Chance kam im Mai 1990. Ein Freund von mir, ein Fernsehregisseur, wollte am Kailash drehen. Mit einiger Überredungskunst schaffte ich es, mir einen Platz in seiner Expedition zu sichern, die zum Fest Saga Dawa unterwegs war. Dieses findet am 15. Tag des vierten Monats im tibetischen Kalender statt und erinnert an den Geburtstag Buddhas, seinen Todestag und den Tag, an dem er Erleuchtung erlangte. In jenem Jahr fiel Saga Dawa nach westlichem Kalender auf den 8. Juni. Nach chinesischem Kalender schrieb man das Jahr des Pferdes, das alle zwölf Jahre wiederkehrt. Eine Saga-Dawa-Pilgerreise zum Kailash im Jahr des Pferdes gilt als das höchste Verdienst.

Wir waren mit dem vierköpfigen Fernsehteam in der nepalesischen Hauptstadt Katmandu verabredet und wollten von dort in die Grenzstadt Zangmu reisen, wo eine tibetische Delegation auf uns wartete. Wie erwartet, gab es Probleme. Der tibetische Dolmetscher hatte irgendetwas gesagt, das dem chinesischen Grenzposten offenbar sehr missfiel. Dieser schloss sein Büro, machte sich aus dem Staub, und wir saßen zwei Tage in Zangmu fest. Um die verlorene Zeit wettzumachen, verzichteten

153 Die Nordflanke des Kailash im Licht der Morgensonne. Die Tibeter nennen den Kailash »Khang Rinpoche«, »Juwel des Schnees«.

154 Zahllose Gebetsfahnen markieren eine heilige Stätte, an der ein Pilger seine Gebete
spricht. Gebetsfahnen sind in Osttibet allgegenwärtig.

157 Eine staubbedeckte Pilgerin kriecht demütig am Boden.

wir auf die geplanten Pausen und fuhren ohne Zwischenstopp über einen 5050 Meter hohen Pass nach Tibet. Das war natürlich völlig verrückt – weniger aus der Sicht meiner Begleiter, die sich bereits in Nepal an die große Höhe gewöhnt hatten, als aus meiner.

Als die Schmerzen in der Brust nachließen, unter denen ich auf dem Pass gelitten hatte, bekam ich Kopfschmerzen und fühlte mich fiebrig. Wir fuhren bis zur Dämmerung und campierten auf einer windgepeitschten Fläche. Am Abend versuchte ich, eine Nudelsuppe zu mir zu nehmen, ohne Erfolg. Ich übergab mich die ganze Nacht. Hervorragend, dachte ich mir. Es gibt nur ein einziges Mittel gegen Höhenkrankheit: die Rückkehr ins Flachland. Vor uns, auf fast 5000 Meter Höhe, erstreckte sich die Berglandschaft so weit das Auge reichte. Unser kleines Zelt flatterte im Wind. Der Tag brach an, und ich hatte kein Auge zugemacht. Im Osten, in der Nähe des Mount Everest, war der 8153 Meter hohe Gipfel des Cho Oyu in dunkles Rot getaucht. Ich beobachtete, wie er sich langsam weiß färbte, fühlte mich aber zu elend, um zum Fotoapparat zu greifen. Wir bauten unser Zelt ab und fuhren weiter.

Das grelle Morgenlicht warf lange lebendige Schatten auf die kahlen Bergflanken. In der Wüste hatte ich oft ähnliche Schatten gesehen, doch hier in der dünnen Luft war das Licht messerscharf, was für eine viel dramatischere Wirkung sorgte. Wildkaninchen, die durch unser Auto aufgeschreckt wurden, liefen in Panik davon. Obwohl sie sich wie Heuschrecken vermehren, tun ihnen die streng buddhistischen Tibeter, die jede Form des Tötens verabscheuen, nichts zu Leide. Das Bild der verschreckten Kaninchen verfolgte mich noch lange, nachdem sie verschwunden waren. Meine Kopfschmerzen und meine Übelkeit machten keine Anstalten nachzulassen, und auf meinen Händen und meinem Gesicht erschienen kleine Schwellungen – der Preis dafür, dass ich mich nicht akklimatisiert hatte. Die Symptome hielten die gesamte Reise über an, und als sie zu Ende war, stellte ich fest, dass ich sieben Kilo abgenommen hatte.

Nach drei Tagen erreichten wir die Changtang-Hochebene. In dieser hochalpinen Region mit einer durchschnittlichen Höhe von 4900 Metern, die außer Reichweite des Monsunregens liegt, wachsen weder Gras noch Bäume. In einem grauen Tal liegt ein See, dessen leuchtendes Blau beinahe unheimlich ist. Der Himmel war klar, bis auf eine einzige, merkwürdig geformte Wolke, aus der Schnee fiel. Sie erinnerte mich an die seltsam runden Wolken, die auf manchen tibetischen Gemälden zu sehen sind. Plötzlich fielen große Schneeflocken aus dem klaren Himmel und ließen die gesamte Umgebung verschwimmen. Spielte der Sauerstoffmangel meinen Augen einen Streich? Alles, was ich sah, trug dazu bei, dass ich glaubte, ich würde halluzinieren.

Am Abend des siebten Tages nach unserer Abfahrt kam der Kailash in Sicht. Unser Fahrer machte uns auf ihn aufmerksam. Auf den ersten Blick fand ich ihn kaum bemerkenswert. Erst als wir uns näherten, offenbarte sich seine erhabene pyramidenförmige Pracht.

Endlich hatten wir unser Ziel erreicht: den bizarren Berg, an dessen Südflanke vertikale und horizontale, sich überlagernde Risse im Sonnenuntergang leuchteten. Sie werden als *manji*, indische Swastiken, bezeichnet und gelten als Glückssymbole. Seine seltsame Form unterscheidet den Kailash von allen anderen Bergen. Die Tibeter nennen ihn Kang Rinpoche, »Juwel des Schnees«. Als ich darüber nachdachte, hatte ich das Gefühl, die religiöse Ekstase zu verstehen, die Gläubige überkommt, wenn sie am Ende ihrer langen beschwerlichen Pilgerreise zu ihm hinaufblicken.

Ein altes Sprichwort besagt: »Der Kailash und der Manasarowarsee sorgen dafür, dass man beim Anblick des Himalaja von Sünden rein gewaschen wird.«

Am Fuß des Kailash liegt die Stadt Darchen, die den Pilgern als Stützpunkt dient. Als wir dort ankamen, fanden wir fast 500 Zelte vor, die gut 5000 Pilger beherbergten. Mitten in der Nacht wurde ich von dem Stampfen der Pilger geweckt, die zu einer ringförmigen Bergstraße von 52 Kilometern Länge aufbrachen. Die Tibeter folgen ihr im Uhrzeigersinn und kehren zehn Stunden später erschöpft zurück. Sie machen zwei oder drei Tage Pause, ehe sie den Kailash abermals umrunden. Durch wiederholte Buße hoffen sie, sich von ihren Sünden rein zu waschen und als Menschen wiedergeboren zu werden, um weiterhin Verdienst anhäufen zu können und ihr höchstes Ziel zu erreichen, die Loslösung von sämtlichen weltlichen Bindungen.

Da wir unter Höhenkrankheit litten und nach Atem rangen, konnten wir nicht mit ihnen mithalten. Obwohl wir acht Träger angeheuert hatten, brauchten wir für die Umrundung vier Tage. Buddhistische Pilgerfahrten verlaufen immer, nicht nur am Kailash, im Uhrzeigersinn. Anhänger der Bonreligion, einer schamanistischen Glaubensrichtung, die dem Buddhismus in Tibet vorausging, pilgern indessen gegen den Uhrzeigersinn.

Die Straße stieg zunächst nur sanft an, doch bereits die leichteste Steigung strengte mich fürchterlich an. Am Morgen des zweiten Tages wurde ich von Pilgern überholt, die ihre Wanderung gerade erst begonnen hatten. Sie waren vor Sonnenaufgang in Darchen aufgebrochen und wollten noch am selben Abend wieder zurück sein. Um schnell voranzukommen, trugen sie nur etwas Weizenmehl bei sich. Ab und zu sah man Männer und Frauen mit staubverkrustetem Gesicht, die nach rituellen Vorgaben am Boden krochen. Erstaunlicherweise befanden sich einige junge Mädchen unter ihnen.

Am Nachmittag des dritten Tages näherten wir uns dem auf 5636 Metern gelegenen Dolma-La-Pass, der schwierigsten Etappe. Obwohl ich im sulzigen Schnee dauernd ausrutschte, mit meinen Kräften fast am Ende war und mich schwindlig fühlte, kämpfte ich mich keuchend bergauf. Alle 20 Meter blieb ich stehen und rang nach Atem. Eine junge Mutter, die sich ihr Baby mit einem Tuch auf den Rücken gebunden hatte, überholte mich und warf mir einen Blick zu, der zu sagen schien: »Was ist nur los mit diesem Mann?« Ich fragte mich, ob die Körper dieser Menschen anders gebaut sind.

Endlich erreichten wir den Pass. Überall lagen riesige Felsbrocken verstreut, so groß wie Häuser. Wohin man blickte, sah man Gebetsfahnen. In aufeinander gestapelte Steine waren Sutras eingemeißelt. Die Fahnen flatterten im Wind – ein Zeichen dafür, dass die Gebete der Pilger zu den Göttern in den Himmel aufstiegen.

Die Pilger riefen der Reihe nach: »Ehre sei den Göttern!«, und warfen unzählige farbige Papierschnipsel mit Gebeten in die Luft, die in Richtung Kailash flogen. Nachdem die Pilger mit strahlenden Gesichtern ihre kurzen Gebete gesprochen hatten, setzten sie sich in Bewegung und marschierten wieder bergab.

Der Kailash, die Achse des Universums, zieht einen endlosen Strom von Pilgern an, die dort erneuernde und reinigende religiöse Rituale vollziehen. Ich hatte das Glück, dies mit eigenen Augen sehen zu dürfen.

158–159 Pilger umrunden den Kailash.
Buddhistische Pilger umrunden heilige Stätten
fast immer im Uhrzeigersinn. Anhänger der
Bonreligion gehen indessen entgegen dem
Uhrzeigersinn. Der Rundweg um den Berg ist
52 Kilometer lang – die zähen Tibeter bringen
diese Strecke an einem Tag hinter sich.

160–161 Pilger kriechen demütig um den
Kailash. Diese Art der Fortbewegung wird auch
auf schlechtem Boden – gefrorene Erde, kleine
Flüsse, verschneite Schluchten – fortgesetzt.

162 und 163 Es dauert etwa zwei Wochen,
den Kailash auf dem 52 Kilometer langen
Gebirgspass in 5636 Meter Höhe kriechend
zu umrunden. Dieser demütige Pilger setzt
seinen Weg nach einer kurzen Rast in den
Gebirgsausläufern fort.

164–165 Diese Pilgerin zählt auf ihrer buddhistischen Gebetskette ab, wie viele Niederwerfungen sie auf dem Weg zu einem Stupa bereits vollzogen hat.

LHASA

REINES LAND DER BUTTERLAMPEN

ALS ICH IN LHASA EINES ABENDS, NACHDEM ICH DEN GANZEN TAG TEMPEL FOTOGRAFIERT HATTE, IN MEIN HOTELZIMMER ZURÜCKKEHRTE UND MIR DIE NASE PUTZTE, STELLTE ICH FEST, DASS MEIN TASCHENTUCH SCHWARZ VERFÄRBT WAR. WIE WAR SOLCHER SCHMUTZ ANGESICHTS DER SAUBEREN LUFT ZU ERKLÄREN?

Wie sich herausstellte, waren die mit Butter gefüllten Weihlampen dafür verantwortlich. Sie brennen überall in den geräumigen tibetischen Tempeln vor den Buddha- und Ramastatuen. Die größten von ihnen schwimmen in riesigen pfannenförmigen Ständern von einem Meter Durchmesser, die ebenfalls mit Butter gefüllt sind. In jeder dieser Pfannen brennen den ganzen Tag mehrere geflochtene Baumwolldochte. An Feiertagen erhellen hunderte brennender Lampen in kleinen Schüsseln die Tempel und füllen sie mit Ruß und dem Geruch von Fett.

Scharen von Pilgern strömen durch die Tempel und legen, während sie beten, ehrfurchtsvoll mitgebrachte Butter in die Lampenständer. Am Boden bilden sich Pfützen übergelaufener Butter, die unangenehm unter den Füßen gluckst und an den Schuhsohlen kleben bleibt. Die dicken Trennvorhänge in den Tempeln sind von der Butter fleckig und fettig. Der Unterschied zu mir vertrauten, alten Tempeln in Japan könnte nicht größer sein, in denen Weihrauch, Zengärten, papierne Trennwände und angenehm kühle Holzkorridore eine etwas künstliche buddhistische Atmosphäre schaffen, die dafür aber sauber und erfrischend sind.

Die meisten der riesigen vergoldeten Buddhastatuen in tibetischen Tempeln wurden in den 1980er-Jahren neu gebaut, um jene zu ersetzen, die während der Kulturrevolution zerstört wurden. Ihre zinnoberroten Lippen und stechenden Augen sind nicht besonders geschmackvoll. Angelaufene Buddha- und Ramastatuen werden regelmäßig mit Goldfarbe überlackiert. Allerdings ist es nicht die Ästhetik, die die Gläubigen anzieht, von denen einige durch die Butterpfützen auf dem Boden kriechen. Wenn sie sich dem göttlichen Abbild nähern, offenbaren sie ihre Herzen und skandieren Mantras, bevor sie sich ehrerbietig erneut niederwerfen.

Ihre Inbrunst ist überwältigend, beinahe Furcht erregend. Die andere Seite der tibetischen Wesensart ist ihre in der buddhistischen Philosophie begründete Sanftheit. Der Glaube an die Gesetze des Karmas ist tief verwurzelt. Jedes Lebewesen wird ewig wiedergeboren, und die gegenwärtige Inkarnation resultiert aus dem vorangegangenen Leben. Bei jedem Insekt und jedem Vogel könnte es sich um ein wiedergeborenes Mitglied der eigenen Familie handeln.

Für Menschen, die alle Lebewesen als gleichwertig betrachten, ist das Töten von Fliegen, Mücken oder Ungeziefer unvorstellbar. Glücklicherweise ist Tibet

167 Pilger drängen sich im Jokhang-Tempel in Lhasa, dem wichtigsten Tempel des tibetischen Buddhismus.

aufgrund seines trockenen hochalpinen Klimas kein geeigneter Lebensraum für Schädlinge. Wenn Tibeter sich Flöhe vom Kopf entfernen, geben sie sich große Mühe, sie dabei nicht zu zerdrücken. Sie reißen sich Haare aus, um den Tieren die Freiheit zu schenken. Als ich tibetische Flüchtlinge in Indien fragte, wie sie mit der dortigen Moskitoplage umgehen, erklärten sie mir, dass sie speziellen Weihrauch zur Insektenabwehr entzünden und ein Fenster öffnen, damit die Mücken fliehen können.

Einige Gläubige kaufen Schlachtvieh und kümmern sich um die Tiere, bis sie eines natür-

lichen Todes sterben. Nicht selten kaufen Familien, die einen erkrankten Verwandten pflegen, zur Schlachtung bestimmte Tiere, in dem Glauben, dass das dabei erlangte Verdienst zur Heilung des Kranken beitragen werde. Ausländische Besucher sind von der unendlichen Güte der Tibeter oft zutiefst beeindruckt. Als der österreichische Bergsteiger Heinrich Harrer 1946 nach Lhasa kam, beobachtete er mit großem Erstaunen, wie die Arbeit auf einer Baustelle zum Stillstand kam, damit ein Insekt gerettet werden konnte. Harrer schildert diesen ergreifenden Zwischenfall in *Sieben Jahre in Tibet*.

168–169 Pilger aus ganz Tibet
kommen zum Jokhang-Tempel – vor
allem im Herbst nach der Ernte.

170 und 170–171 Arme wie reiche tibetische Pilger strömen in
ihrem charakteristischen farbenfrohen Gewand von überall
her in den Jokhang-Tempel und gießen Butter, die sie eigens
zu diesem Zweck mitgebracht haben, in geweihte Lampen.

172–173 Ein Pilger breitet seine *khata*,
die zeremonielle Stola, aus. Wenn Pilger
in einer heiligen Stätte beten, reichen
sie dem Hohepriester ihre *khata* dar.

174–175 Ein junger Mönch ruht sich
von der anstrengenden Morgenandacht aus.
Er ist mit einem Priestergewand bekleidet,
das zuvor ein ranghoher Priester trug.

176–177 Priester stillen ihren Durst mit Milchtee.
Während die meisten Menschen im rauen Klima
Westtibets den fettreichen Buttertee trinken,
bevorzugen die Osttibeter Milchtee.

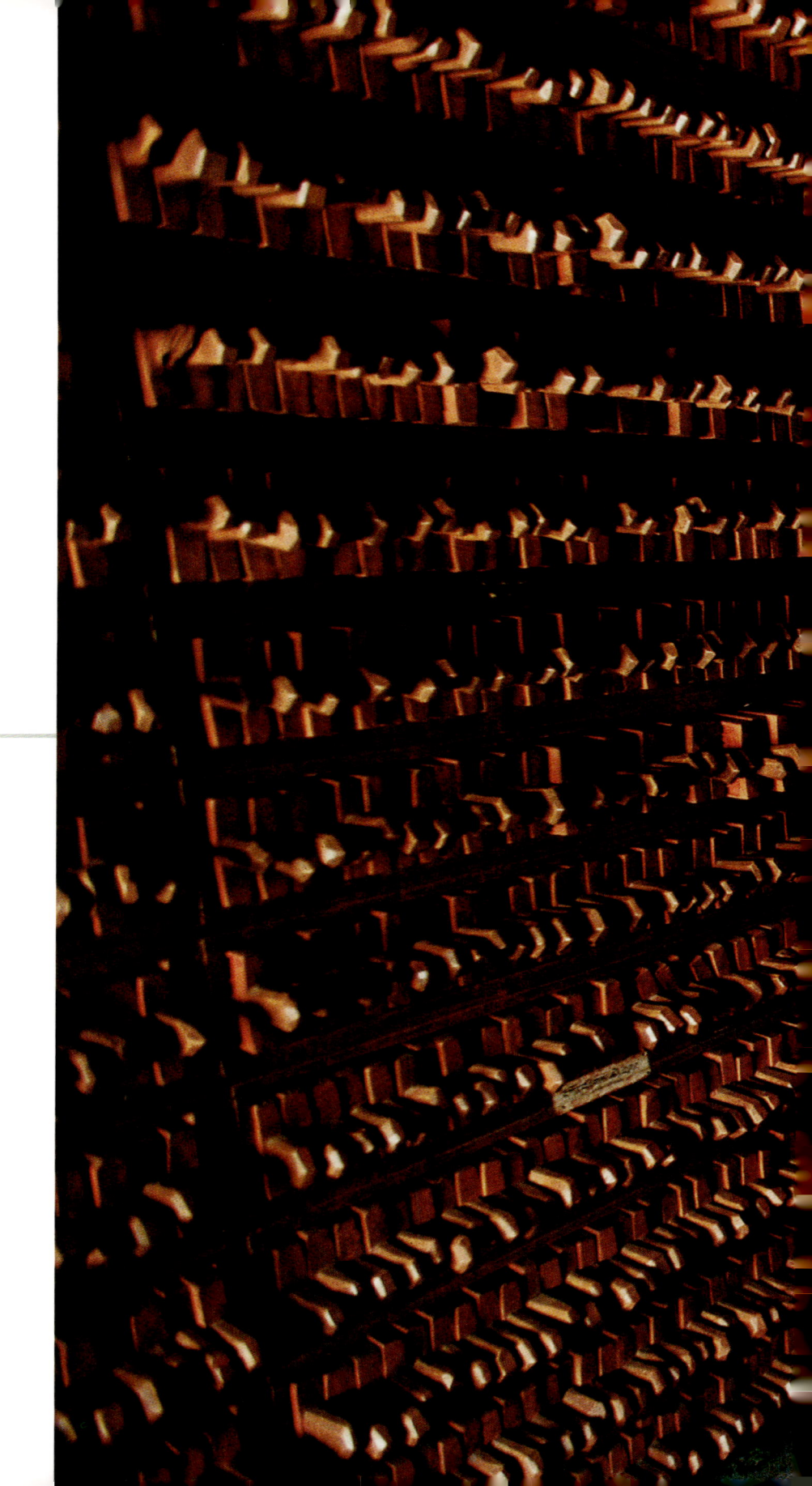

178–179 Im osttibetischen Derge Parkhang werden
etwa 300 000 aus Holz geschnitzte Druckformen
aufbewahrt. Ursprünglich gab es in Tibet drei
Sutradruckpressen, die anderen beiden
wurden während der Kulturrevolution zerstört.

180–181 Eine Nonne hält die losen
Seiten einer heiligen Schrift, die im
Tibetischen *pecha* heißt. Sie hat
ihre Hände mit Butter eingerieben,
um sie vor der extrem trockenen
Winterluft zu schützen.

MONLAM CHENMO

DAS GROSSE GEBETSFEST

Am äussersten nordöstlichen Rand des Tibetischen Kulturkreises, in der chinesischen Provinz Ganzhou, befindet sich das Kloster Labrang Tashikyil. Im Februar 2002 war es anlässlich des *Monlam Chemno* zum Bersten mit Pilgern gefüllt.

Monlam beginnt am vierten Tag des tibetischen Kalenderjahres und gipfelt in einem mitreißenden Höhepunkt, der sich über den 13., 14. und 15. Tag erstreckt. Spannungen zwischen den Behörden, die in Lhasa aus *monlam* eine Touristenattraktion machen wollten, und Mönchen, die gegen diese Idee waren, entfachten 1989 Ausschreitungen, die dazu führten, dass das Kriegsrecht verhängt wurde. Bis heute wird *monlam* in Lhasa nicht gefeiert. Weiter östlich, wo Tibeter und Chinesen gute Beziehungen pflegen, wird *monlam* seit jeher mit großem Pomp und Prunk gefeiert.

Ich besuchte das Labrang-Tashikyil-Kloster zum ersten Mal 1989. Was mir bei meinem zweiten Besuch 13 Jahre später als Erstes auffiel, war die veränderte Kleidung der Pilger. Früher hatten sie sich in nicht besonders saubere Pelzmäntel, so genannte *chuba*, gehüllt, die vor den eisigen Temperaturen von 15 Grad unter null schützen sollten. Dank des Wirtschaftsaufschwungs sind die Nomaden heute gut gekleidet, und auf ihren Gesichtern ist ein Hauch von Eleganz zu erkennen.

Eine weitere Veränderung war, dass sich unter den Pilgern jetzt zahlreiche chinesische Gläubige befanden. Früher wäre die Anwesenheit eines Chinesen in einem tibetischen Tempel undenkbar gewesen, aber in letzter Zeit hat die unwägbare Wirtschaftslage die Menschen so verunsichert, dass sie dringend nach etwas suchen, woran sie glauben können.

Seit sich die Religion in allen Bevölkerungsschichten verbreitet hat, haben auch moderne Gerätschaften Eingang in die Religion gefunden. Manche Mönche tragen inzwischen Handys bei sich. Entlang der Straße, die am Kloster vorbeiführt, stehen öffentliche Kartentelefonzellen, von denen aus man international telefonieren kann. Die Verbindung nach Tokio ist so klar und deutlich, dass man meinen könnte, man wäre dort. Wenn man dabei den Blick auf die Straße richtet, sieht man vielleicht zwei Pilgerinnen, die zum Ausdruck ihrer religiösen Hingabe über den staubigen Boden kriechen.

Tibet ist rasanten Veränderungen unterworfen. Während die erbarmungslose Unterdrückung durch den chinesischen Kommunismus in der Vergangenheit dazu beigetragen haben mag, die Tibeter zusammenzuschweißen, scheint es ihnen heute unmöglich zu sein, den süßen Verlockungen des Wohlstands zu widerstehen.

Es wird fieberhaft an einer Bahnstrecke nach Lhasa gearbeitet, die 2007 eingeweiht werden soll.

183 Mönche warten am 15. Tag der tibetischen Neujahrsfeierlichkeiten im Schneetreiben auf den Beginn der Gebete.

184–185 Kräftige Mönche, anhand ihres typischen Gewands als *geku* zu erkennen, sind für die Organisation des *monlam* verantwortlich und sorgen für Ruhe und Ordnung.

186–187 Beim großen Gebetstreffen
am 15. Tag des ersten Monats ist es
Brauch, dass sich zwei gelehrte
Priester zu einem religiösen Frage-
Antwort-Spiel herausfordern.
Ein Mönch stellt sich der
Herausforderung, indem er in
die Hände klatscht.

188 und 188–189 Ein lebender Buddha und Mönche. In
Tibet gibt es über 1000 lebende Buddhas, deren
ranghöchster der Dalai Lama ist. In großen Klöstern
regeln lebende Buddhas, die als Wiedergeburten ihrer
Vorgänger gelten, sämtliche Angelegenheiten.

190–191 Mönche beim Gebet. Früher
waren etwa 700 000 Tibeter Mönche –
fast zehn Prozent der Gesamtbevölkerung. Unter chinesischer
Herrschaft hat sich ihre Zahl
inzwischen stark verringert.

192–193 Mönche tragen ein riesiges
thangka. Das Rollbild wird nur
einmal im Jahr beim *monlam* im
Labrang-Tashikiyil-Kloster
öffentlich ausgestellt.

194–195 Ein riesiges *thangka* wird auf einem Berghang ausgebreitet. Als das Rollbild, das zunächst von einem Tuch bedeckt ist, enthüllt wird, werfen sich die ekstatischen Gläubigen zum Gebet nieder.

196–197 Gläubige scharen sich um einen Stuhl, von dem soeben ein hochrangiger lebender Buddha aufgestanden ist, nachdem er eine religiöse Zeremonie geleitet hat. Einen Gegenstand anzufassen, der mit einem lebenden Buddha in Berührung gekommen ist, soll Glück bringen.

198 und 198–199 Diese als *langa* bezeichneten
Trommeln mit langem Griff sind mit grimmigen
Schutzgöttern verziert. *Langa* kommen bei religiösen
Anlässen und zusammen mit Zimbeln bei vielen
täglichen Zeremonien zum Einsatz.

200–201 Dieser langsame wortlose Maskentanz findet
am 14. Tag des ersten Monats im tibetischen Kalender
statt, um das Böse zu bezwingen.

DIE MUTTER ALLER FLÜSSE

INDIEN

DER NEKTAR DER UNSTERBLICHKEIT

INDIEN

DER NEKTAR DER UNSTERBLICHKEIT

Einen Monat vor Beginn des Monsuns, Ende April, bereitet sich Indien auf die heisseste Jahreszeit vor. Die Ernte ist jetzt eingefahren.

Die Erde, die im grellen Licht der gnadenlosen Sonne verdorrt, ist trocken und brüchig, und der heiße Wind wirbelt Staub auf. Die Temperaturen erreichen 45 Grad Celsius. Die Straßen, auf denen es von Pilgern wimmelt, wirken wie ein lebhafter Ameisenhaufen. Mit Bündeln und Säcken voll Proviant auf dem Kopf und Babys auf dem Arm wandern die Gläubigen mit geradezu wilder Entschlossenheit von einer heiligen Stätte zur nächsten.

In der heiligen Stadt Ujjain in Zentralindien wird alle zwölf Jahre Kumbh Mela gefeiert, das größte Badefest des Hinduismus. Letztmals fand es im April 2004 statt. Fünf Tage während dieser einen Monat andauernden Feierlichkeiten gelten als besonders heilig. Dann wird Ujjain von einer riesigen Menschenwelle aus fünf bis sieben Millionen Pilgern überschwemmt.

Einem hinduistischen Schöpfungsmythos zufolge wickelten Götter und Dämonen die riesige Schlange Vasuki um den Berg Mandara. Sie zerrten von beiden Seiten an ihr und wühlten dabei das Milchmeer auf, dem Sonne, Mond, Himmel und Erde entsprangen. Zuletzt entstand der *amrit*, der »Nektar der Unsterblichkeit«. Da sich Götter und Dämonen um den Nektar stritten, verschütteten sie ihn, und vier Tropfen fielen auf vier Orte: Allahabad, Hardwar, Nasik und Ujjain. Wenn sich Sonne, Mond und die Planeten wie damals, als der *amrit* verschüttet wurde, auf einer Linie befinden – so sagen die Gläubigen –, wird seine Kraft im Wasser dieser heiligen Stätten wiedergeboren.

Das Datum von Kumbh Mela wird mittels astrologischer Berechnungen bestimmt. Mit *kumbh* wird das Gefäß bezeichnet, in dem der Nektar aufbewahrt wurde, und *mela* bedeutet »Pilgerfahrt«. In jeder der vier heiligen Städte wird alle zwölf Jahre ein Kumbh Mela gefeiert. Ein uraltes Rotationsprinzip sorgt dafür, dass alle drei Jahre irgendwo in Indien ein Kumbh Mela stattfindet. Das Kumbh Mela im Jahr 2001 in Allahabad war ein so genanntes »Maha Kumbh«, das nur alle 144 Jahre stattfindet. Es verdankt seine besondere Bedeutung der perfekten linearen Ausrichtung der oben genannten Himmelskörper. Die Teilnahme am Maha Kumbh garantiert nach dem Glauben der Hindus, dass man im nächsten Leben von weltlichen Bindungen frei sein wird.

Durch Ujjain fließt der Sipra, ein Nebenfluss des Yamuna, der wiederum in den Ganges mündet. Heilige Stätten in der Nähe dieses Flusses – wie zum Beispiel der Mahakala-Tempel – haben eine uralte Geschichte, und Pilger stehen Schlange, um dort den Schutzgöttern ihre Ehrerbietung zu erweisen. Auf den betonierten Treppen am Flussufer, die das Baderitual erleichtern sollen, wimmelt es ebenfalls von Pilgern.

205 Eine junge Frau verkauft am Ufer des Ganges Laternen, die *arti* genannt werden. Man lässt diese auf dem Fluss treiben, um die Seelen der Vorfahren auf die Reise zu schicken.

Am Höhepunkt der Trockenzeit, wenn der Wasserpegel so tief sinkt, dass der Fluss kaum noch zu fließen scheint, baden dennoch tagtäglich Millionen von Pilgern in ihm, wodurch große Hygieneprobleme entstehen. Die Gläubigen lassen sich davon nicht abschrecken, baden in dem verschmutzten Wasser und trinken sogar davon, um sich von ihren Sünden rein zu waschen. Trunken von den Wonnen des Kumbh Mela bringen sie ihre Gebete dar.

Während des Kumbh Mela in Ujjain wurden an beiden Ufern des Sipra Zeltstädte errichtet, die sich über eine Länge von mehr als zehn Kilometern erstreckten und gut zwei Millionen Pilger beherbergten. Jeder religiöse Orden hatte seine eigenen, geschickt gruppierten Riesenzelte, zum Bersten gefüllt mit Gläubigen, die dem Gründer ihres Ordens Verehrung zollen wollten. Mönche in der Ausbildung, so genannte Sadhus, spielen beim Kumbh Mela eine wichtige Rolle, da die Feierlichkeiten für sie die einzige Gelegenheit darstellen, sich ihrer Initiation zu unterziehen.

Sadhus sind zentrale Figuren der indischen Glaubenskultur. Nachdem sie alle Familienbande gelöst haben, kehren sie ihrem Zuhause den Rücken und leben mittellos in Wäldern und Höhlen. Sie sind auf die Barmherzigkeit anderer Gläubiger angewiesen und widmen sich ganz der religiösen Askese. Angeblich machen Sadhus 1,3 Prozent der Gesamtbevölkerung Indiens aus: etwa 13 Millionen Menschen, die allgemeine Anerkennung und Respekt genießen, weil sie alle materiellen Werte ablehnen.

Manche Sadhus halten jahrelang einen Arm nach oben, andere graben sich so tief ein, dass nur noch ihr Kopf herausschaut, und wieder andere liegen auf nadelbesetzten Strohmatten. Durch Entsagung und Meditation versuchen sie, sich zu läutern. An einem Kumbh Mela nehmen etwa 100 000 Sadhus teil. Die auffälligsten unter ihnen sind die paar Tausend Naga Sadhus, die sich von anderen Sadhus dadurch unterscheiden, dass sie völlig nackt sind.

Normalerweise sind sie mit einem Lendenschurz bekleidet, doch bei Feierlichkeiten, an denen sie den Göttern von Angesicht zu Angesicht gegenübertreten, »tragen sie den Wind«, oder mit anderen Worten, nichts. Als ich sie zum ersten Mal sah – splitternackt, von ihrem entbehrungsreichen Leben abgemagert und am ganzen Körper mit Asche beschmutzt –, zuckte ich zusammen, aber nachdem ich mithilfe meines Dolmetschers mit ihnen ins Gespräch gekommen war, erwiesen sie sich als überraschend freundlich. Natürlich dürfe ich sie fotografieren, sagten sie. Nach drei oder vier Tagen hatte ich mich an sie gewöhnt und war beim Anblick ihrer entblößten Genitalien nicht mehr peinlich berührt. Viele Pilgerinnen gingen ohne Scham auf sie zu, um ihnen Verehrung zu zollen. Die Asketen erregte das offenbar nicht im Geringsten.

Das Kumbh Mela von Ujjain erreichte ebenso wie die Baderituale der Sadhus am frühen Morgen des 22. April seinen Höhepunkt. Alles begann mit einem Umzug der Naga Sadhus. Um Platz für die riesigen Pilgerscharen zu schaffen, war die gesamte Gegend am Vorabend für den Verkehr gesperrt worden. Mein Dolmetscher und ich waren noch rechtzeitig durch die Sperre geschlüpft und nach wenigen Stunden Schlaf auf der Straße kurz nach vier Uhr morgens aufgewacht. Inmitten einer riesigen Schar schaulustiger Pilger standen die Naga Sadhus in einer langen Schlange. Ihre Stimmung, die am Tag zuvor noch ruhig und gelassen war, hatte sich geändert. Jetzt im Morgengrauen, kurz vor ihrem lang ersehnten heiligen Bad, schienen ihre nackten, aschebeschmierten Körper und ihre aufgeregten Schreie ein seltsames Schauspiel aufzuführen. Ich war gewarnt worden, mich nicht vor die Sadhus zu stellen, wenn ich sie fotografierte, doch genau das tat ich in meinem Arbeitseifer, worauf mir mehrere Leute erzürnt auf den Kopf schlugen. Die Aufregung der Sadhus erreichte ihren Höhepunkt. Als sich der Himmel schließlich aufhellte, machte sich die Menge begleitet von Hörnern und Trommeln auf den Weg zu den Ufertreppen.

Die Sadhus reihten sich an der Treppe auf. Auf ein Zeichen ihres Anführers stießen sie einen Schrei aus und sprangen ins Wasser. Zitternd vor Kälte und bebend vor Freude, ihre Seelen rein waschen zu können, streuten sie sich heilige Asche auf ihre nassen Körper. Als der Staub in die Luft aufstieg, funkelte er in der strahlenden Morgensonne.

Vor meiner Reise nach Indien hatte ich islamische Pilgerfahrten fotografiert, bei denen die Behörden zwei

Millionen Menschen unter Kontrolle halten mussten. Ein Kumbh Mela zieht im Lauf eines Monats zehnmal so viele Menschen aus dem ganzen Land an. Im Gegensatz zu Mekka, wo die Pilgerfahrt ein alljährlich wiederkehrendes Ereignis ist und eine entsprechende Infrastruktur zur Verfügung steht, schien in Ujjain, wo nur alle zwölf Jahre ein Kumbh Mela stattfindet, das Chaos vorprogrammiert. Deshalb hatte ich vor meiner Reise einige Bedenken. Eine meiner Sorgen war, wo ich wohl übernachten könnte, was letztendlich jedoch kein Problem war. Ein Reisebüro aus Japan fragte für mich an, und es erwies sich als überraschend einfach, ein Hotelzimmer zu finden.

Auch das Chaos war nicht so groß wie befürchtet. An den Ufern des Sipra wimmelte es zwar von Pilgern, doch waren sie nach ihrem langen Fußmarsch unter der sengenden Sonne ziemlich erschöpft. Der häufigste Grund für Tumulte sind wohl Verkehrsstaus, aber die armen indischen Pilger besitzen keine Autos. Viele legen den größten Teil ihrer Reise mit dem Zug zurück, wobei die wenigsten ihre Fahrt bezahlen. Dagegen lässt sich kaum etwas machen. Bei einer Massenwanderung wie sie von einem Kumbh Mela ausgelöst wird, macht es die riesige Zahl der Verstöße unmöglich, alle Schwarzfahrer zu belangen. Während der Feierlichkeiten drücken die Behörden bei solchen Delikten nur zu gerne ein Auge zu.

Bald dämmerte der Abend, und schnell war zwischen den Scharen von Pilgern, die sich unter freiem Himmel schlafen legten, kein Zentimeter Boden mehr zu sehen. Hier und da flackerten noch Kochfeuer. Der stille und kühle Abend war eine willkommene Abwechslung zur brütenden Hitze und zum Trubel des Tages. Zwischen Bäumen und an Wänden türmten sich Exkremente. In Mekka, wo der Zeremonie eine körperliche Reinigung vorangeht, sind überall Toiletten aufgestellt. In Indien sucht man sie vergeblich.

Am Straßenrand bettelten verkrüppelte und heimatlose Menschen um Almosen. In Industrieländern fängt das soziale Netz solche Menschen wenigstens ein Stück weit auf, doch in Indien sind sie auf sich gestellt und müssen sich selbst ernähren. Der Reiseführer, der mich von Delhi aus begleitete, erzählte mir, dass 28,5 Prozent aller Inder weniger als drei Mahlzeiten pro Tag zu sich nehmen. Ihrer Erscheinung nach zu urteilen, mussten viele der hier versammelten Pilger dazu gehören ... was bleibt ihnen anderes übrig, als zu den Göttern zu beten und all ihre Hoffnungen auf das nächste Leben zu richten?

Die Sadhus und andere Pilger beten und baden im heiligen Sipra. Der Sipra fließt in den Yamuna, der in Allahabad in den Ganges mündet. Der Ganges entspringt hoch oben in den Gletschern des Himalaja als klarer Bach und trübt sich später ein, weil er von unzähligen Nebenflüssen gespeist wird. Dann wird er zu einem gewaltigen Strom, der alle Sünden und Frevel von Indern aus dem ganzen Subkontinent reinwaschen muss. Leichen, Abwässer und alle möglichen Verunreinigungen finden ihren Weg in den Ganges, der nach 2500 Kilometern in den Golf von Bengalen fließt.

Der Ganges ist Indien. Er ist der große Fluss des Hinduismus, und alles, was dieses riesige Land in den letzten 5000 Jahren hervorgebracht hat, wird am Ende von ihm verschluckt.

208–209 Die Dashashwamedh-Ufertreppen am frühen Morgen. In Varanasi, der heiligsten Stätte des Hinduismus, gibt es nicht weniger als 60 dieser als *ghats* bezeichneten Badeplätze.

211 Baden bei Sonnenaufgang. Wer zu feierlichen Anlässen im Ganges badet,
soll von allen Sünden reingewaschen werden.

212 Ein hinduistischer Sadhu-Asket meditiert am Flussufer. Die Anhänger des Hinduismus teilen sich in zwei
Hauptgruppen: die Shivaisten und die Vishnuiten. Vishnu-Sadhus üben sich in besonders strenger Enthaltsamkeit.

213 Ein Sadhu malt sich ein »U« auf die Stirn, das Symbol der Vishnuiten.

214–215 Ein Sadhu raucht *ganja*, getrocknetes Marihuana. Die Sadhus haben sich zum Khumb Mela
versammelt, das im April 2004 nach zwölf Jahren wieder in der heiligen Stadt Ujjain in Zentralindien stattfand.

216 und 216–217 Die *Puja*-Zeremonie am Flussufer in
Ujjain bei Sonnenuntergang. Während Brahmanen
Mantras vortragen und Feueropfer darbringen,
beten auch die gewöhnlichen Gläubigen.

218 und 218–219 Die *Puja*-Zeremonie findet in allen
heiligen Stätten entlang des Ganges bei Sonnenuntergang
statt. Das linke Foto entstand in einem Tempel
in Varanasi, das rechte am klaren Wasser der weiter
flussaufwärts gelegenen heiligen Stadt Rishikesh.

220–221 In Varanasi schicken Frauen frühmorgens *Arti*-Laternen,
die mit Blättern und Blumen geschmückt sind, und damit
die Seelen der Vorfahren auf die Reise.

222 und 222–223 Die *puja* in Varanasi. »*Puja*« bedeutet im Sanskrit
»verehren«. Sie beginnt mit einem Milchopfer an den Ganges, während
die Zuschauer eintönig Mantras vortragen und Glocken läuten.

Kumbh Mela

Badende Sadhus

224–225 Der Höhepunkt des einen Monat
während Kumbh Mela ist Shahi Asnan, der
Badetag der Könige. Die Sadhus beginnen den
Tag mit einem frühmorgendlichen Bad.

226–227 Zum Kumbh Mela versammeln sich
fast 100 000 Sadhus. Ihre Badezeremonie beginnt
vor Sonnenaufgang und dauert den ganzen Morgen.
Anschließend bestreuen sich die Sadhus den
Körper mit heiliger Asche.

228–229 Um vier Uhr
morgens an Shahi Asnan
bringen sich splitternackte
Naga Sadhus in die richtige
Stimmung für den Aufbruch.

ÄTHIOPIEN

DIE BRÄUCHE DES ALTEN TESTAMENTS

ÄTHIOPIEN

DIE BRÄUCHE DES ALTEN TESTAMENTS

ENDE JANUAR 1981 BESUCHTE ICH DIE HEILIGE STÄTTE LALIBELA ZUM ERSTEN MAL, DIE FÜR IHRE UNTERIRDISCHEN, TIEF IN DEN FELS GEGRABENEN KIRCHEN BEKANNT IST.

Ursprünglich hatte ich das Timkat-Fest fotografieren wollen, das dort am 19. Januar gefeiert wird, doch Äthiopien war damals ein abgeriegelter sozialistischer Staat. Man musste eine offizielle Einreiseerlaubnis beantragen, und das war eine langwierige Angelegenheit. Das Fest ging vorüber, während ich in der Hauptstadt Addis Abeba herumsaß und wartete. Ich war bitter enttäuscht. Allerdings wurde in Lalibela zwei Tage nach meiner Ankunft der St.-Georgs-Tag gefeiert. Ich erfuhr, dass in der kreuzförmigen Felsenkirche Bet Giyorgis (*bet* bedeutet »Kirche« oder »Haus«) eine Zeremonie stattfinden würde, die dem Timkat-Fest ähnelt. Skeptisch begab ich mich dorthin.

Scharen von Dorfbewohnern schauten zu, als zum vorgegebenen Zeitpunkt ein Horn ertönte und ein Priester mit einem *tabot* auf dem Kopf aus der Felsenkirche trat. Die bunt gekleideten Priester stellten sich in Reih und Glied auf, ein weiteres Hornsignal erschallte, und die Prozession setzte sich in Bewegung. Vor dem *tabot*, das in prachtvollen Brokat gehüllt war, wurde ein Kruzifix getragen, dahinter ein Gemälde des Heiligen Georgs zu Pferd, der den Drachen tötete. Die Menschenmenge wuchs, während die Prozession voranschritt. Auf dem Platz begann der Tanz der Priester zu Ehren des *tabot*. Jeder Priester hielt einen Stab in der linken Hand und eine Rassel, ein so genanntes »Sistrum«, in der rechten. Die Rasseln wurden im Rhythmus des Tanzes geschlagen. Zunächst klangen die intonierten Gebete wie *goeika*, japanische buddhistische Lieder. Dann setzten die Trommeln ein, und die Begeisterung der Menge steigerte sich, als sich die bunt gewandeten Priester ungestüm drehten.

Ich hatte noch nie zuvor einen solchen Tanz gesehen. Diese Kultur war vollkommen anders als alle, die ich kannte, und ich war beeindruckt, dass sie in den abgeschiedenen Bergdörfern Äthiopiens Jahrhunderte überdauert hatte. Ich hatte das Gefühl, in die Vergangenheit versetzt worden zu sein.

Erst nach meiner Rückkehr nach Japan erfuhr ich, dass der Ursprung dieses Fest auf die Zeit der Herrschaft König Davids von Israel vor 3000 Jahren zurückgeht und bereits im Alten Testament beschrieben ist: »David und das ganze Haus Israel spielten vor dem Herrn her mit allerlei Saitenspiel von Tannenholz, mit Harfen und Psaltern und Pauken und Schellen und Zimbeln.« (2. Buch Samuel 6, 5)

230 Ein Mönch im Kloster Debre Damo.

233 Aus der Axum-Kirche werden an Feiertagen Repliken der Bundelade getragen, die hier angeblich aufbewahrt wird.

Die religiöse Zeremonie fand am Fuß der Berge unter einem klaren blauen Himmel statt. Die barfüßigen Dorfbewohner trugen traditionelle Gewänder, die ein Teil ihres Körpers zu sein schienen. Der Alltag dieser Menschen ist heute kaum anders als zu Zeiten des Alten Testaments.

Elektrisches Licht hat noch nicht den Weg in die einfachen, leicht baufälligen Häuser von Lalibela gefunden. Die in den Fels gehauenen Kirchen bilden einen starken Kontrast zur schäbigen Ortschaft. Ihre Ausmaße sind riesig. Nirgendwo auf der Welt gibt es etwas, das mit diesem Labyrinth von Kirchen tief im roten vulkanischen Fels zu vergleichen wäre.

Die Hauptkirche, die direkt aus dem anstehenden Fels gemeißelt wurde, ist von einem tiefen, breiten Hof umgeben. Das Kircheninnere – der Altarraum, das Dachfenster und so weiter – entstand in der letzten Phase der Bauarbeiten. Insgesamt gibt es elf Kirchen, die durch ein komplexes Tunnelnetz miteinander verbunden sind. Die größte von ihnen, Bet Madhane Alam, ist ein riesiges Bauwerk, in dem mehr als 100 Gläubige Platz finden. Nicht weniger beeindruckend ist die Bet Giyorgis mit ihrem drei Meter hoch aufragenden Kruzifix und ihrem rechteckigen Hof.

Diese Kirchen, die aus dem 12. Jahrhundert stammen, wurden angeblich von der Sagwe-Dynastie errichtet. Deren Vorfahren waren einst nach Jerusalem geflüchtet, nachdem sie eine Schlacht um die königliche Herrschaft verloren hatten. Sie verbrachten dort fünf Jahre, ehe sie wieder zurückkehrten, den Thron bestiegen und damit begannen, Lalibela, das »Jerusalem Äthiopiens«, zu bauen. Offenbar hatte Jerusalem einen großen Eindruck auf sie gemacht. Lalibela hat seinen eigenen Olivenberg, seinen eigenen Jordan und sein eigenes Golgatha – das sind Namen, die allen Christen ein Begriff sind.

Am Sonntag ging ich im Morgengrauen in die Kirche, um der Messe beizuwohnen, und stieg mit den Dorfbewohnern die Felstreppe hinab. Plötzlich ertönte aus der Dunkelheit ein herzzerreißendes Stimmengewirr – es waren Bettler.

»Sella Mariam, Sella Krestos ... Segne uns, Maria, segne uns, Christus.« Schmutzige Hände reckten sich uns entgegen. Das Überleben der Bettler, die unter dem Dachvorsprung der Kirche Schutz vor dem Regen gesucht hatten, hängt von der Barmherzigkeit der Gläubigen ab. In der Dunkelheit der Kirche flackerten Bienenwachskerzen. Der Duft von Weihrauch hing in der stickigen Luft, und es roch nach verbranntem Kiefernharz. Schließlich wurde eine große Trommel geschlagen, und die Gebete begannen, deren langsames Tempo mich abermals an die Lieder japanischer Buddhisten erinnerte. Die Zeremonie hatte nichts mit dem Christentum Westeuropas gemein, sondern glich einer Ekstase, die den Tiefen der Dunkelheit zu entspringen schien.

Zwei architektonische Stilmittel prägen äthiopische Kirchen: das Rechteck und der Kreis. Die Höhlenkirchen in Lalibela und anderenorts sind rechteckig und verfügen über einen heiligen Platz für das *tabot* im hinteren Bereich des Altarraums, der mit einem Vorhang abgetrennt ist. Runde Kirchen orientieren sich an den runden Wohnhäusern, die man in ganz Afrika findet. In runden Kirchen gibt es eine kreisförmige Empore mit einem eckigen Raum in der Mitte, der das *tabot* beherbergt und ebenfalls durch Vorhänge

235 Tanzende Priester feiern beim Weihnachtsfest in Lalibela die Geburt Christi.

abgetrennt ist. Diese Kirchen darf man nicht mit Schuhen betreten. Im Gegensatz zu europäischen Kirchen, in denen die Gläubigen dazu eingeladen werden, ihr Herz zu offenbaren, herrscht in den schwach beleuchteten äthiopischen Kirchen eine unheimliche, Furcht erregende Atmosphäre. Hier wird das *tabot* als Inkarnation eines strengen, unnachgiebigen Gottes verehrt, der unmittelbar aus dem alten Judentum hervorgegangen ist. Ein streng gläubiger Freund erzählte mir einmal: »Als Kind hatte ich sogar Angst davor, auch nur in die Nähe einer Kirche zu gehen.«

In der Woche vor Weihnachten – dem orthodoxen Weihnachten, das auf den 7. Januar fällt – pilgern so viele Gläubige nach Lalibela, dass sich die Einwohnerzahl des Dorfes von etwa 8000 Menschen vorübergehend verdrei- oder vervierfacht. Die meisten Pilger, die ich sah, waren zu Fuß angereist, einige sogar den ganzen weiten Weg von der sudanesischen Grenze. Auf ihrer Wanderung über die Berge, die bis zu zwei Wochen dauert, schlafen sie im Freien.

Die Pilger stammen aus Bergdörfern, wo sie am Existenzminimum leben, reisen fast ohne Geld und ernähren sich unterwegs von mitgebrachten Bohnen und Körnern. Bei ihrer Ankunft in Lalibela versammelten sie sich auf einem unbebauten Grundstück in der Nähe der Kirche. Ihre Zahl wuchs täglich an. In der

Abenddämmerung brannten überall kleine Kochfeuer, auf denen sie ihr Essen zubereiteten. Aus der Ferne betrachtet hatte die Szenerie etwas erstaunlich Friedliches. Nach ihrer einfachen Mahlzeit wickelten sie sich in Decken, legten sich auf den steinigen Boden und vertrauten sich der Obhut Gottes an.

Bereits vor Sonnenaufgang standen sie wieder auf und machten ihre Runde durch die elf Kirchen von Lalibela. An den Kircheneingängen zogen sie ihre Sandalen aus (wenn sie nicht ohnehin barfuß waren, wie die meisten von ihnen) und baten traditionsgemäß Gott um Gnade, indem sie die Säulen der Kirchen küssten und sich mit den Händen, mit denen sie die Kirchenwände berührt hatten, über den Körper strichen. Wenn sie auf der Straße einem Priester begegneten, baten sie um Erlaubnis, dem Kreuz huldigen zu dürfen. Dieser holte daraufhin ein Kruzifix aus den Falten seines Umhangs, das die Pilger ehrfürchtig küssten und sich gegen die Stirn pressten.

Tag für Tag standen die Pilger Schlange, um den Gebeten in den verschiedenen Kirchen beizuwohnen. Die Straßen waren voller Bettler, die die Pilger um Almosen baten. Diese verteilten Geldmünzen, obwohl sie kaum besser gekleidet waren als die Bettler. Das ist ihre Art, ihren Teil des Leids auf der Welt auf sich zu nehmen. Schlicht gekleidete Mönche erschienen und begannen, auf der Straße zu predigen. Sich zu dieser Jahreszeit in Lalibela aufzuhalten ist, als würde man persönlich an biblischen Szenen teilnehmen.

Im Zentrum des Kirchennetzes steht Bet Mariam, die »Kirche der Heiligen Maria«. Hier begannen am Tag vor Weihnachten die Lobpreisung Gottes und die Tänze der Priester. Die monotonen Lieder und die Tänze dauerten die ganze Nacht an und wurden nur von einigen Ruhepausen unterbrochen.

Bei Tagesanbruch strömten die Pilger in die Bet Mariam. Kruzifixe sowie Abbilder von Maria und vom Christuskind wurden hoch über die Wände der Kirche empor gehoben. Tausende Frauen stießen Freudenschreie aus. Die Begeisterung erreichte ihren Höhepunkt, als sich etwa 80 Priester in dunkelrot-reinweißen Roben auf der Felswand aufreihten und einen Dankestanz zur Feier der Geburt Christi begannen. Die zerlumpten Pilger beobachteten das Spektakel mit verzücktem Gesichtsausdruck. Als ich unter ihnen stand, hatte ich selbst das Gefühl, als würde der Himmelstanz jeden Moment über die Erde aufsteigen und in den blauen Himmel verschwinden.

Ein *tabot* ist eine Kopie der Felstafeln mit den Zehn Geboten, die Moses auf dem Berg Sinai direkt von Gott empfing. In Äthiopien gilt jedes *tabot* als Verkörperung Gottes und jede Kirche besitzt einen. Das bedeutendste Datum im Kalender der orthodoxen Kirche Äthiopiens ist das Timkat-Fest, das der Taufe Jesu im Jordan gedenkt und am 19. Januar gefeiert wird. Am Tag davor werden die *tabots* aller Kirchen in einer Prozession zu einem Zelt neben einer Quelle getragen, und die Gläubigen kommen, um ihre Gebete zu sprechen. Am Morgen des Timkat-Festes weihen die Priester das Wasser in einem Teich und tauchen ihre Kruzifixe darin ein. Die freudig erregten Gläubigen stürmen zum Teich und baden darin, um an der Taufe Jesu teilzuhaben. Das ist der Höhepunkt des Timkat-Festes.

In Aksum, einem etwa 250 Kilometer nördlich von Lalibela gelegenen Ort, steht anstelle des *tabot* ein Nachbau der heiligen Bundeslade, die Moses im

Auftrag von Gott zur Aufbewahrung der Schrifttafeln baute, im Zentrum der Feierlichkeiten.

Die Bundeslade, deren Verlust für die Israeliten schmerzlicher war als die Zerstörung des Tempels von Jerusalem vor 3000 Jahren, wurde nach dem Glauben der Äthiopier in ihr Land gebracht, wo sie bis heute im Keller der Kirche von Aksum aufbewahrt wird. Der mündlichen äthiopischen Überlieferung zufolge war die Königin von Saba, deren Besuch bei König Salomon in Jerusalem in den Königsbüchern des Alten Testaments festgehalten ist, in Wahrheit die Königin von Aksum. Ihr Sohn, den sie von Solomon bekam, soll später nach Jerusalem gereist sein, die Bundeslade aus dem Tempel entwendet und an ihrer Stelle eine gefälschte hinterlassen haben. Seine Nachkommen sind dunkelhäutige äthiopische Juden, so genannte Falascha, was im Altäthiopischen »Auswanderer« bedeutet. Die Falascha sind in den Bergen Nordäthiopiens zu Hause. Ihre Zahl soll gut 50 000 betragen haben, bis die israelische Armee 1984 den größten Teil von ihnen per Flugzeug nach Israel umsiedelte.

Für die Äthiopier spiegelt sich in der Bundeslade die Herrlichkeit Gottes wider. Im Labyrinth unter einer Kapelle neben der Mariam-Shion-Kirche, die eine prachtvolle Prozession für ihren *tabot* veranstaltet, soll sich die echte Bundeslade befinden. Nur ein Mann darf sie sehen: Ein priesterlicher Wachposten, der sie keine Sekunde aus den Augen lassen darf. Wenn der Priester stirbt, übernimmt sein Nachfolger die Verantwortung. Ich befragte einen älteren Priester zur Bundeslade, doch er war nicht gewillt, sein Schweigen zu brechen. Er dürfe nicht darüber sprechen, sagte er kurz angebunden, und ließ es dabei bewenden.

In den Bergen der Provinz Tigray in Nordäthiopien sind zahllose Höhlenkirchen versteckt, von denen viele so abgelegen sind wie Falkennester. Man erreicht sie nur, indem man an Seilen die Felsen erklimmt.

Ich wusste schon längere Zeit, dass es diese Kirchen gab, doch hatte ich sie nie besuchen können: Nach der sozialistischen Revolution von 1974, in der die Rebellen der »Tigray-Befreiungsfront« die Macht übernommen hatten, war ein Bürgerkrieg entbrannt, in dessen Verlauf die Region für Ausländer gesperrt worden war. In den 1980er-Jahren reiste ich zwar häufig nach Äthiopien, doch Tigray blieb ein unerreichbarer Wunschtraum. Als Äthiopien nach Ende des Kalten Krieges den Schutz der Sowjetunion verlor, brach das sozialistische Regime zusammen. 1991 kontrollierten Guerillas das ganze Land. Drei Jahre nach dem Bürgerkrieg war es wieder möglich, nach Tigray zu reisen. 1996 ging mein lang gehegter Wunsch, die Bergkirchen von Tigray zu sehen, endlich in Erfüllung.

Bei meiner Ankunft war Tigray infolge des Bürgerkriegs und mehrerer Dürren fast völlig verwüstet. Jedes Mal, wenn ich das Wrack eines Panzers oder eines Geschützes der ehemaligen Regierung sah – die überall auf den Feldern und an den Straßenränder herumstanden –, dachte ich an die Million Menschen, die in den Jahren 1984 und 1985 verhungert waren, als der Krieg seinen Höhepunkt erreichte. Das Geld für einen einzigen Panzer hätte viele Leben retten können.

Im Norden Äthiopiens gibt es vereinzelte Lava-Plateaus, die durch Erosion aus der umgebenden Landschaft herausgeschnitten wurden und wie unbewohnte Inseln aussehen. In diesen Plateaus und in senkrechten Klippen verbergen sich zahlreiche natürliche Höhlen. Bevor im 4. Jahrhundert das Christentum nach Äthiopien kam, dienten diese Höhlen als Kultstätten. Vielleicht veranlasste diese Tatsache frühe Christen, ihre eigenen geräumigen Höhlenkirchen in die Berge zu graben.

Nach anderthalbstündiger Wanderung auf einem steilen Weg erreichte ich das Kloster Abuna Aron am Rand eines dieser inselartigen Plateaus. Das von hoch wucherndem Gras umgebene Kloster, in dessen fünf baufälligen Strohdachhütten nur vier Mönche wohnten, wirkte verlassen.

Hier und da standen knorrige Zypressen und Olivenbäume, die tausend Jahre alt gewesen sein mochten. Rote und grüne Vögel, die man im äthiopischen Hochland nur selten antrifft und deren kräftige Farben beinahe unnatürlich wirken, flatterten in der sengenden Sonne zwischen den seltsam verdrehten Ästen umher. Diese anmutige, friedlichen Szenerie erinnerte an ein verlassenes und vergessenes Eden.

Als ich den Mönchen sagte, dass ich die Höhlenkirche besichtigen wolle, wiesen sie mich an, bis zu den Nachmittagsgebeten zu warten. In einer der Hütten wurde das Mittagessen serviert. Die Mönche bedrängten mich, von ihrem Gericht aus gegartem Getreidemehl zu kosten, das sie *enjera* nennen. Misstrauisch probierte ich den Brei, doch er war mir einfach viel zu sauer. Meine erste Kostprobe war daher auch meine letzte.

Die Kirche befand sich gut zehn Meter tief in einer natürlichen Höhle. Einer der Mönche war völlig blind, doch er kannte sich offensichtlich gut aus und bahnte sich zielsicher den Weg durch die dunkle Felskammer, während ich unsicher hinter ihm her tappte. Duftender

Weihrauch brannte, und das schwache Licht, das durch ein Loch in der Decke der Kirche fiel, wurde nur von den Flammen einiger Bienenwachskerzen verstärkt. Die Gebete begannen, als die Mönche aus großen Pergamentbibeln lasen, die von Hand geschrieben waren. Nach jahrhundertelangem Gebrauch waren sie von Fingerabdrücken dunkel verfärbt.

Zehn Minuten vergingen, und plötzlich wurde die Kirche von Licht durchflutet, als Sonnenstrahlen durch das Loch in der Decke fielen und das betagte Pergament der Bibeln aufhellten. Die Stimmen der Mönche schwollen an und bebten vor Leidenschaft. Das Licht blieb 15 Minuten, dann verflüchtigte es sich wie ein dramatischer Effekt, der seinen Zweck erfüllt hatte, und in der Kirche herrschte wieder die ursprüngliche Düsterkeit. Als die Gebete beendet waren, hatten die Mönche ganz friedliche Gesichter, die von der Berührung ihrer Seelen mit Gott herrührte.

Den Mönchen zufolge dringt kein einziger Wassertropfen durch das Loch in der Decke ein, ganz egal, wie stark es regnet. Im Licht einer Taschenlampe folgten wir einem labyrinthischen Pfad in die Tiefen der Höhle. In einigen Felsspalten lagen in Lumpen gehüllte, ausgeblichene Skelette – tote Mönche, die in Frieden ruhten. Das ist das Schicksal von Menschen, die sich von der Außenwelt abschotten, um die Stimme Gottes zu hören. Ich fragte mich, auf welche Weise Gott sich ihnen wohl offenbart.

Armut, Hungertod, Stammeskriege – seit der Genesis hat sich in diesem seit langem leidenden Land kaum etwas geändert. Die Realität wird hier von den Härten des täglichen Lebens und von der Freude, die man nur im Gebet findet, überlagert.

239 Ein Priester betritt die *maqdes*, das Allerheiligste der Kirche, wo das *tabot* aufbewahrt wird. Links und rechts sind Abbildungen von Engeln zu sehen.

240–241 Diese Nonne ist vor
30 Jahren in ihr Bergkloster
eingetreten und hat den Berg
seitdem nicht verlassen. So weit
das Auge reicht, haben Dürre und
Krieg die Landschaft verwüstet.

242–243 Die Abba-Yohannes-Kirche
in der Provinz Tigray wurde in einen
senkrechten Abhang gegraben.
Der unterirdische Tunnel, der
ins Innere der Kirche führt,
befindet sich links oben.

244–245 Das Debre-Damo-Kloster,
eines der ältesten Äthiopiens, erreicht
man nur, indem man mithilfe eines
geflochtenen Lederseils eine
15 Meter hohe Felswand erklimmt.

252–253 Dieser blinde Mönch aus dem Kloster
Debre Abuna Aron hatte keine Schwierigkeiten,
sich in der dunklen Höhle zurechtzufinden.

253 Bis Ostern währt die Fastenzeit, in der die
Mönche so wie dieser intensiv beten.

254–255 Priester intonieren ihre
feierlichen Lieder in den
Höhlenkirchen von Lalibela.

256 Ein bemalter mittelalterlicher
Fächer, der aus über 30 Pergament-
stücken besteht, zeigt die
Jungfrau Maria, die zwölf Apostel
und andere Bibelfiguren.

257 Die Felsenkirche Abna Yemata
mit ihren Abbildungen der zwölf
Apostel und zahlreicher Heiliger
wurde in eine 100 Meter hohe
senkrechte Wand gehauen.

258–259 Dieses Werk aus dem
18. Jahrhundert stellt die Dreifaltigkeit dar. Gott und Jesus sind als
gleich aussehende ältere Männer
abgebildet, der Heilige Geist
ist als Taube zu erkennen.

260–261 Mönche im Debre-Damo-
Kloster beten während der Haupt-
fastenzeit. In den 55 Tagen vor Ostern
essen die Klosterbrüder täglich nur eine
einfache Mahlzeit um kurz nach 15 Uhr.

LALIBELA

DAS JERUSALEM AFRIKAS

262–263 In der heiligen Stadt Lalibela mit
ihren elf Felsenkirchen stammen einige
Ortsbezeichnungen direkt aus der Bibel:
Olivenberg, Jordan und Golgatha.

264–265 Mönche predigen zu
christlichen Pilgern. Zu dieser Jahreszeit
kommen von überallher wandernde
Mönche nach Lalibela, die den
Pilgerstrom weiter anschwellen lassen.

266–267 Priester tanzen zu Ehren des
tabot – zuerst langsam, dann immer
schneller im Rhythmus der Trommeln.

268–269 Pilger drängen zu den
Felsenwänden der Bet Giorgis
(St.-Georgs-Kirche) in Lalibela, um die
Predigt der Priester zu hören.

270–271 Während des Timkat-Festes
in Addis Abeba werden *tabots* aus den
Kirchen auf einen öffentlichen Platz
getragen. Sie bleiben die Nacht in
einem Zelt und werden am nächsten
Tag in die Kirchen zurückgebracht.

272–273 Priester tragen in bunten Stoff
gehüllte *tabots* aus den Kirchen. Nur
diese ausdrücklich befugten Priester
dürfen die *tabots* sehen und berühren.

274–275 und 275 Die Gläubigen schauen zu, wie Priester zu Ehren des *tabot* tanzen, das sie zur Bet Giorgis, einer kreuzförmigen, in den Fels gehauenen Kirche, zurückbringen.

276–277 Im Volksglauben wird eine Frau, die am Tag vor Weihnachten im Teich des Kirchenhofs badet, ein Kind bekommen. Mit einer Rettungsleine in der Hand springt diese Frau in das von Algen verfärbte Wasser.

278 Dieser Pilger kam nach einwöchiger Wanderung über Bergwege in Lalibela an. Er hatte unterwegs im Freien übernachtet.

279 Diese Pilgerin, die ein Kreuz auf die Stirn tätowiert hat, reiste von einem Bauerndorf ganz im Norden des Landes an.

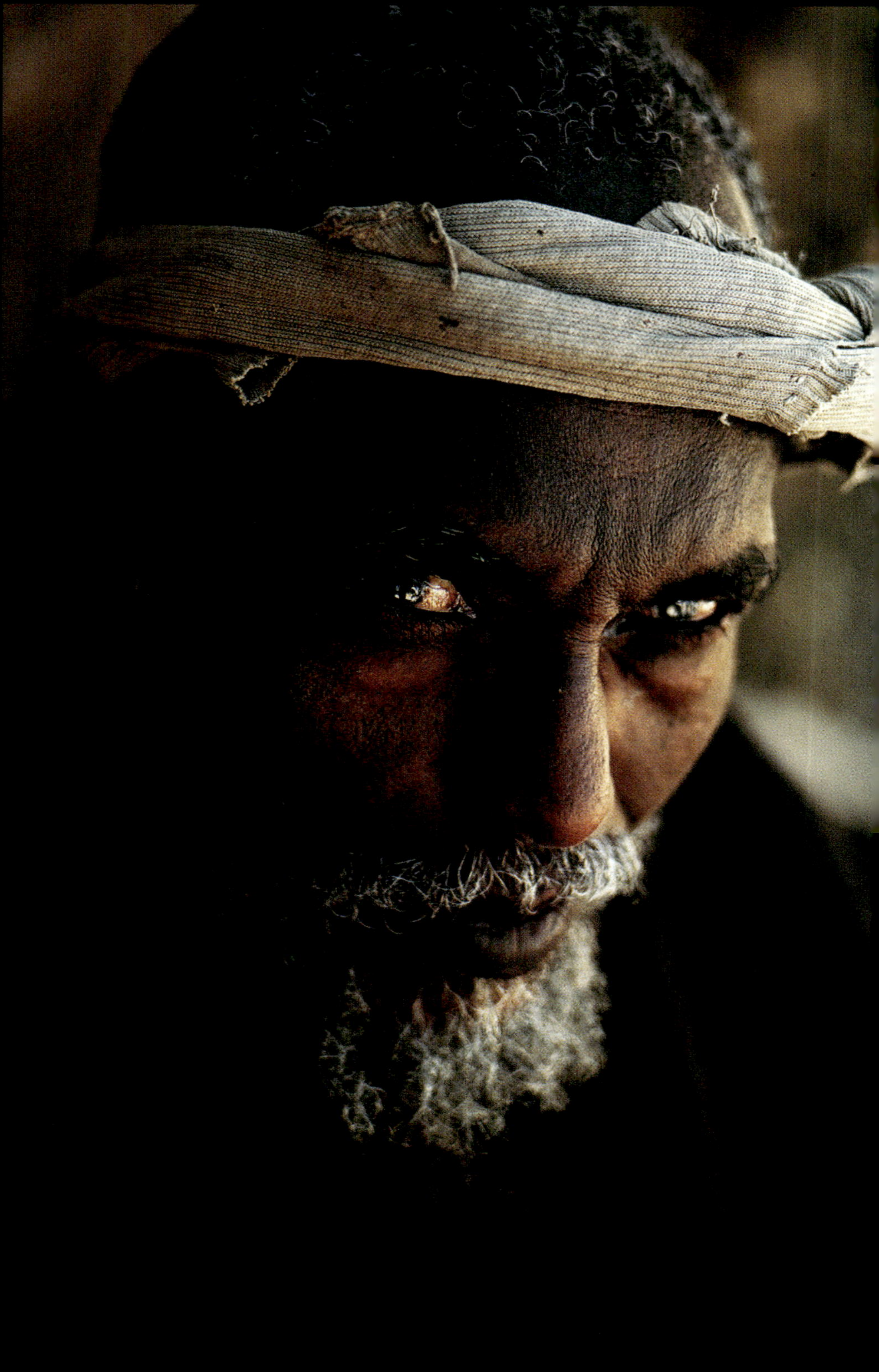

280 Zur Weihnachtszeit beten diese Pilger an einer
Kirchenwand. Fensterähnliche Öffnungen in den
Kirchenwänden sind in unterschiedlichen Mustern
kreuzförmig angeordnet.

280–281 Angeblich ist die Steinwand hinter dieser
Frau, die sich im Gebet niederwirft, das Grab
von Adam, des ersten Menschen.

282–283 und 283 Nachdem die Pilger am Weihnachtsmorgen den Segen der Priester empfangen haben, bilden sich auf den Straßen lange Schlangen. Einige der Pilgerreisenden, die in Dörfern an der Grenze zum Sudan wohnen, werden zwei Wochen unterwegs sein und dabei im Freien übernachten.

DER REGEN
KAM ZU SPÄT

DEZEMBER 1984

Ü BER DER ÄTHIOPISCHEN HOCH-
EBENE HINGEN SCHWARZE WOLKEN: DIE
REGENZEIT WAR GEKOMMEN. DREI QUAL-
VOLLE JAHRE HATTEN DIE MENSCHEN AUF
DIESE WOLKEN GEWARTET. JETZT WAR ES
SO WEIT, ABER ES WAR LEIDER ZU SPÄT.

Die Hungersnot hatte das Land fest im Griff. Viele Bergbauern waren gezwungen, Unkraut und Baumrinde zu essen. Einige Dorfbewohner, die das Glück hatten, in der Nähe einer Hauptstraße zu wohnen, zerlegten ihre Strohhütten. Sie stapelten die Einzelteile am Straßenrand und verkauften sie als Brennmaterial. Wenn sich herumsprach, dass es irgendwo Unterschlupf gab, verließen die Menschen ihre Dörfer und strömten in die Städte. Überall liefen in Lumpen gehüllte Flüchtlinge umher und verursachten Chaos und Tumult.

Für sie waren die plötzlichen heftigen Regenfälle, die in Äthiopien für diese Jahreszeit höchst untypisch sind, ein tödlicher Fluch. Sie suchten scharenweise Zuflucht in provisorischen Hütten, die den kalten Regen kaum abzuwehren vermochten. Viele der von den Torturen bereits geschwächten Kinder fielen den verheerenden Epidemien zum Opfer, die sich rasant verbreiteten.

Schätzungsweise eine Million Menschen verhungerten, die meisten von ihnen Kinder.

Sie starben wie Fliegen am Ende des Sommers. Erschöpft von ihrem langen Kampf gegen den Hunger, waren diejenigen, die noch lebten, selbst für Verzweiflung zu schwach. Als ich ihre Gesichter durch meinen Bildsucher betrachtete, wurde mir nicht zum ersten Mal bewusst, dass das Leben an einem seidenen Faden hängt.

287 Ausgehungert, erschöpft und vom Schicksal gezeichnet bringen die Menschen
kaum noch die Kraft auf, die quälenden Fliegen zu verscheuchen.

288–289 Ein kleines Mädchen wacht hilflos über
seine kranke Mutter. Zahllose Kinder sterben –
und noch viele mehr werden zu Waisen.

291 In der unerbittlichen Mittagssonne schließt sich eine
Mutter mit ihrer Tochter der langen Schlange von Menschen
an, die auf ärztliche Behandlung warten.

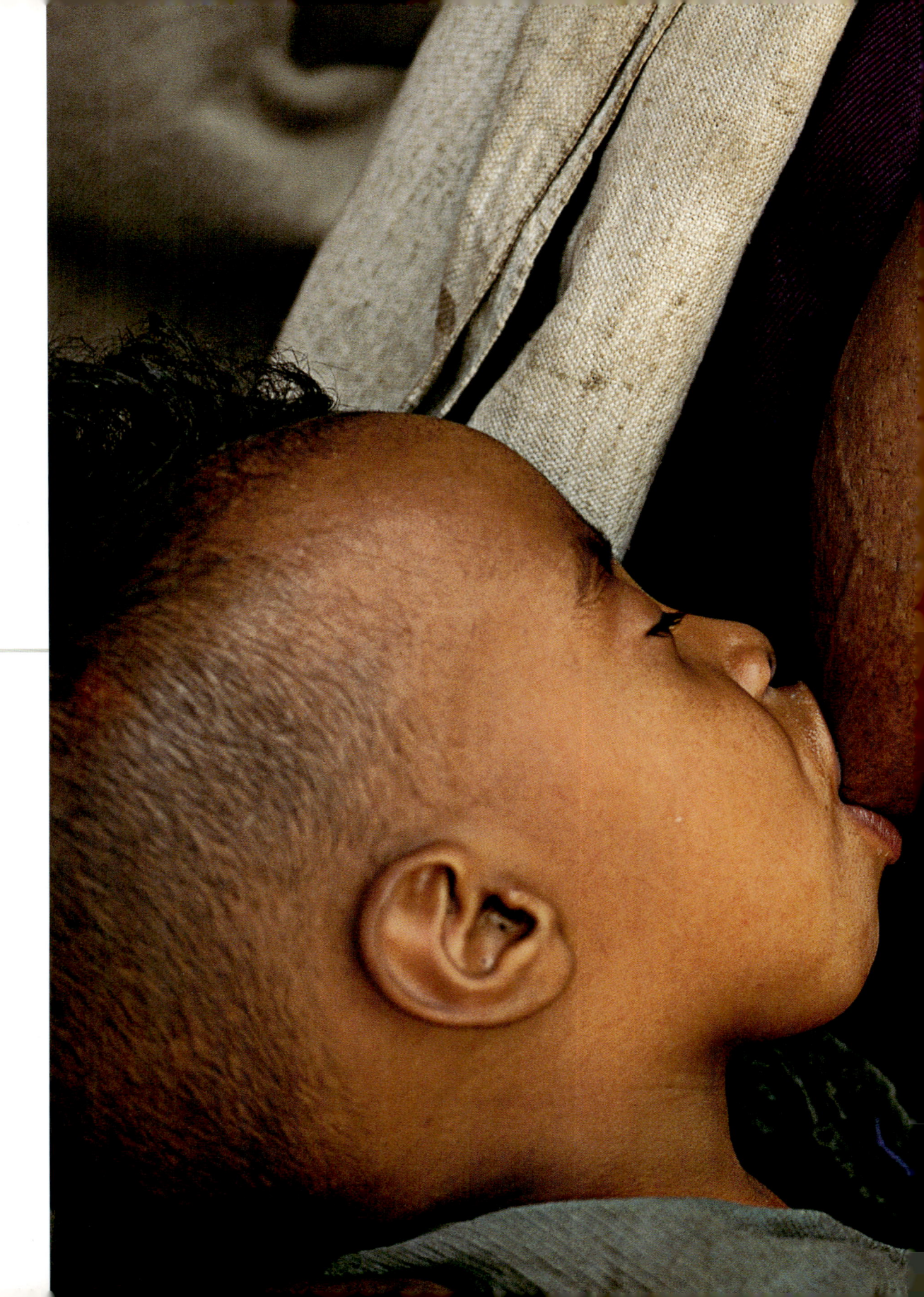

292–293 Eine Mutter
von Zwillingen wartet
auf Essensrationen.
Nahrungsmangel ist
in Äthiopien bis heute
ein Problem, und jedes
Mal wenn der Regen
ausbleibt, droht eine
Hungersnot.

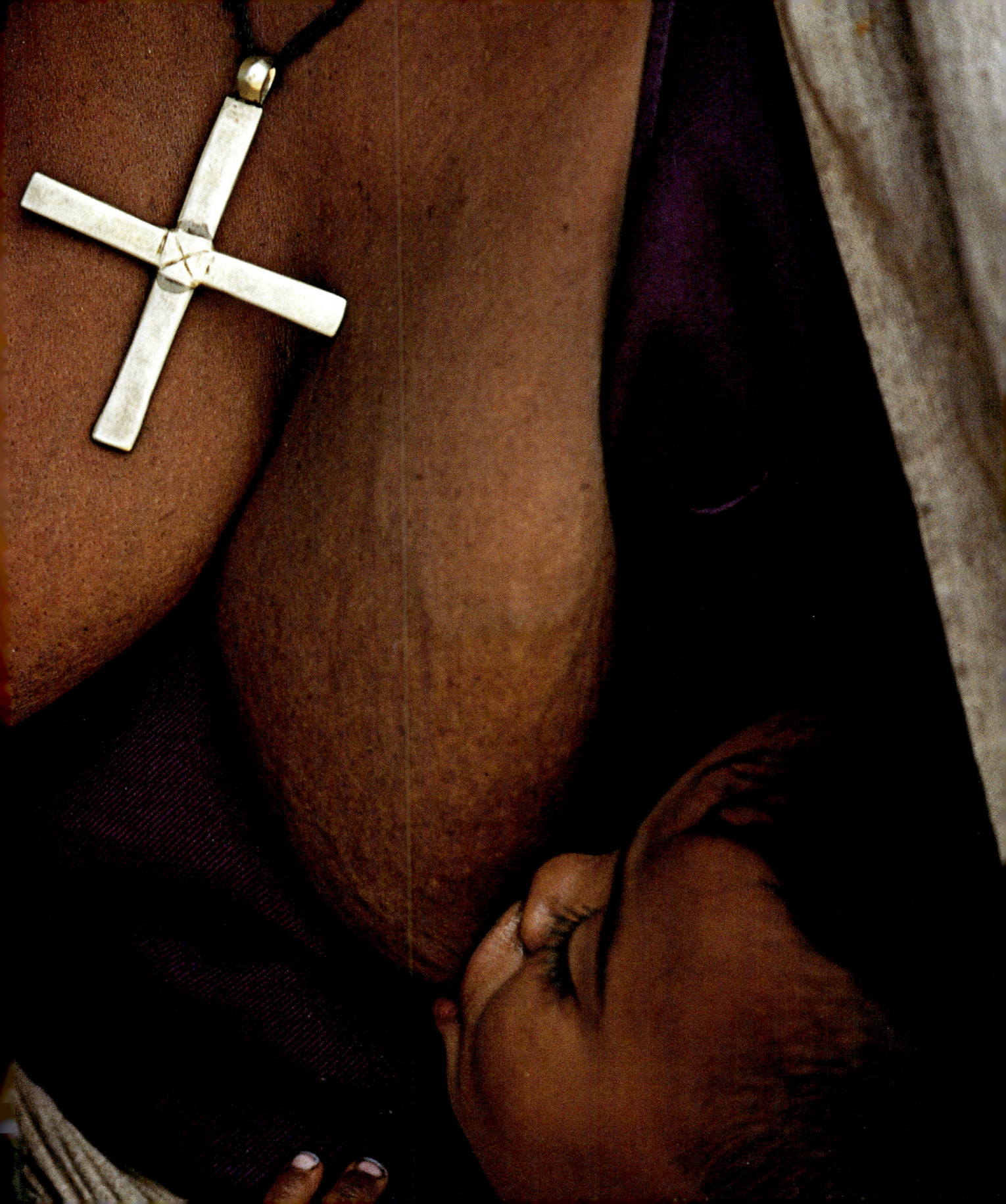

MEKKA UND MEDINA

DIE POLE DES ISLAMISCHEN UNIVERSUMS

MEKKA UND MEDINA

DIE POLE DES ISLAMISCHEN UNIVERSUMS

E S HÄTTE NICHT UNERWARTETER KOMMEN KÖNNEN. ICH BIN MEIN LEBEN LANG GEREIST, HABE MEINER NEUGIER IMMER FREIEN LAUF GELASSEN UND AUF DIESE WEISE VIEL VON DER WELT GESEHEN, DOCH MEKKA, DIE HEILIGE STADT DES ISLAM, SCHIEN UNERREICHBAR.

Im Oktober 1994 bekam ich dann die Einladung, die ich niemals für möglich gehalten hätte – von einem Araber, den ich nicht einmal kannte.

Im Jahr 610 n. Chr. offenbarte sich Gott in Mekka einem Kaufmann namens Mohammed, und die Religion des Islam war geboren. Auf Anweisung Mohammeds wurde Ungläubigen der Zugang zu den zwei heiligsten Stätten des Islam, Mekka und Medina, für immer verwehrt. Aufgrund dieses Verbots erregen die beiden Städte seit jeher die Neugier von Nichtmuslimen – eine Neugier, die in den meisten Fällen unbefriedigt bleiben musste. Einige von ihnen konvertierten zum Islam, um sich Zugang zu den heiligen Stätten zu verschaffen, andere gaben es nur vor und riskierten damit ihr Leben. Im Lauf der Jahrhunderte hielten sie ihre Eindrücke in wertvollen Aufzeichnungen fest.

Auf meinen Reisen von der ostafrikanischen Sahara bis nach Zentralasien hatte ich viele islamische Regionen besucht, Mekka und Medina jedoch, die Zentren des islamischen Universums, waren stets außer Reichweite meiner Kameras geblieben.

Der Araber, der mich kontaktierte, war gerade dabei, einen Verlag zu gründen. Sein Interesse galt zunächst weniger Mekka als vielmehr Medina. Er plante einen Bildband über die Pilgerstätte und hoffte, mich als Fotografen zu verpflichten. Er hatte meine in Europa veröffentlichten Bildbände gesehen und beschlossen, dass ich der richtige Mann für die Aufgabe sei. Ich fragte ihn, wie ich als Nichtmuslim in die Stadt gelangen sollte. Er erwiderte, dass ich mir keine Sorgen zu machen brauche, weil er bereits eine inoffizielle Zusage der Behörden erhalten habe. Nur das Innere der Moscheen würde mir verschlossen bleiben.

Ich fragte mich: Wenn Medina, warum nicht auch Mekka? War es tatsächlich möglich? Wenn ja, würde ein Traum wahr werden – ich würde endlich die lang ersehnte Gelegenheit bekommen, eine Pilgerfahrt nach Mekka zu fotografieren! Allerdings musste ich dafür zum Islam konvertieren.

Aufgrund meiner ausgedehnten Reisen in muslimische Länder war ich mit der islamischen Weltanschauung vertraut, deren unmittelbare Beziehung zwischen Mensch und Gott mir nicht unsympathisch war. Trotzdem hatte ich Bedenken, als ich im Islamischen

297 Pilger umschreiten die Kaaba beim *tawaf* entgegen dem Uhrzeigersinn und strecken die Hände im Gebet zur goldenen Tür.

Zentrum von Setagaya-ku bei Tokio die Formalitäten erledigte. Dazu gehörte auch ein auf Arabisch gesungenes Glaubenserkenntnis: »La ilaha ill-Allah, es gibt keinen Gott außer Allah, Muhammad-ur-rasool-ullah, Mohammed ist Allahs Prophet.«

Im Anschluss daran reiste ich im Januar 1995 nach Saudi-Arabien. Djiddah, das Tor zu Mekka und Medina, stellt stolz den Wohlstand zur Schau, der einem Ölförderland gebührt. Vier Jahre nach dem zweiten Golfkrieg war wieder Ruhe eingekehrt, doch in den Gedanken der Menschen war der Krieg noch immer präsent. »Waren es nicht die Amerikaner, die Saddam zu einem unbezwingbaren Diktator gemacht und ihn benutzt haben, um den Iran zu isolieren?«, lautete die landläufige Meinung in Saudi-Arabien. Aus Sicht der Bevölkerung hatte es der Golfkrieg den Amerikanern ermöglicht, ihre Truppen dort dauerhaft zu stationieren und die Kontrolle über das arabische Öl zu erlangen. Sechs Jahre später, am 11. September 2001, sollte der Hass der arabischen Welt auf die USA überkochen.

In den mehr als 30 Jahren, in denen ich als Fotograf tätig bin, hat sich ein Bild unauslöschlicher in mein Gedächtnis eingeprägt als alle anderen: Der Anblick einer Million Menschen, die an Laylat al-Qadr die ganze Nacht hindurch beteten. Es war im Monat Ramadan des Jahres 1995. Von meinem Aussichtspunkt auf einem Minarett, das 96 Meter über der Moschee von Mekka aufragt, sah ich zu, wie die Menschenmenge konzentrische Kreise um die Kaaba bildete und sich zu Boden warf, als der Mullah rief: »Allah akbar, Gott ist der Höchste.« Ich war stehen geblieben, und mich schauderte bei dem Gedanken, dass ich mir einen Blickwinkel angemaßt hatte, der allein Gott gebührte.

Der Wächter, der mich auf das Minarett begleitet hatte, stieg wieder hinunter. Alleine gelassen, betrachtete ich die betende Menge. Die sonore Stimme des Mullahs klang, als sei sie von einer übernatürlichen Macht besessen, und hallte in der Nachtluft wider. Ich hatte keinen Zweifel: Die Szene, die ich gerade beobachtete, stellte den absoluten Höhepunkt der spirituellen Reise des Menschen dar. In der Geschichte der Menschheit hatte es keine vollständigere Unterwerfung vor Gott gegeben.

Laylat al-Qadr bedeutet »Nacht der Macht« oder »Nacht der Bestimmung« und gedenkt der Nacht, in der Gott Mohammed erschien, als dieser in einer Höhle auf dem Berg Hira bei Mekka meditierte. Diese Offenbarung war so stark, dass sie den Kaufmann aus Mekka in einen Propheten des einzigen Gottes verwandelte. Mohammed war damals – im Jahr 610 des christlichen Kalenders, in der Nacht des 27. Tages im Monat Ramadan – 40 Jahre alt.

In der Nacht von Laylat al-Qadr in der heiligen Moschee zu beten ist der Überlieferung zufolge gleichbedeutend mit 1000 Monate langem Beten. Deshalb strömen dafür Pilger aus aller Welt nach Mekka.

Wenn die Pilger die Moschee betreten, vollziehen sie zunächst den *tawaf*: Sie umschreiten die Kaaba. Beginnend beim heiligen schwarzen Stein in der südöstlichen Ecke umrunden sie die Kaaba sieben Mal gegen den Uhrzeigersinn, eine Formalität, die für alle Gläubigen obligatorisch ist. (Buddhistische Prozessionen schreiten übrigens im Uhrzeigersinn voran.)

Nach muslimischem Glauben ist die Kaaba das Zentrum des Universums und liegt auf der Achse, die die Erde mit dem Himmel verbindet. Sie spielt im Islam

eine einzigartige und unersetzliche Rolle. Jeden Tag beten 1,2 Milliarden Muslime in aller Welt in Richtung Kaaba. In Asien wenden sie sich nach Westen, in Afrika nach Osten. In der Nacht von Laylat al-Qadr beten Muslime in allen Teilen der islamischen Welt andächtig in Richtung Kaaba, dass sie zu Allah in den Himmel aufsteigen mögen.

Nach mündlicher Überlieferung wurde die Kaaba von Abraham, dem Diener des einzigen Gottes, und seinem Sohn Ismael erbaut. Im Lauf der Zeit wurde die Menschheit verdorben. Mekka wurde zu einem Tempel der Verehrung mehrerer Götter, und in der Kaaba wurden 360 Götzenbilder aufgestellt. Mohammed siegte im Kampf, zerstörte die Götzenbilder und gab die Kaaba an Allah zurück. Seitdem ist sie ein Symbol des Glaubens an den einzigen Gott. Obwohl der Islam unmittelbar aus seinen monotheistischen Vorläufern hervorgegangen ist, dem Judentum und dem Christentum, verbindet er seine Ursprünge mit Abraham. Das Judentum, sagen Muslime, sei zu einer geschlossenen Glaubensrichtung verkommen, während das Christentum mit seiner Lehre der Dreifaltigkeit keine monotheistische Religion mehr sei.

Allah ist ein transzendentes Wesen, das sich der menschlichen Vorstellungskraft entzieht. Ihn abzubilden ist strengstens verboten. Deshalb ist das Innere der Kaaba für alle Ewigkeit leer.

Zweimal im Jahr werden die goldenen Türen der Kaaba geöffnet, und es findet eine zeremonielle Reinigung statt. Mehrere Würdenträger, darunter der Gouverneur der Provinz Mekka als Stellvertreter des Königs, betreten die Kaaba und reinigen ihr Inneres. Zu diesem Anlass durfte auch ich eintreten. Das

Heiligtum besteht aus makellosem reinweißem Marmor. Drei runde, goldene Säulen stützen die Decke. Unterhalb der Decke sind Drähte von Säule zu Säule gespannt, an denen goldene, mit duftendem Öl gefüllte Gefäße hängen.

In den vergangenen 1400 Jahren hat der Lauf der Geschichte hier praktisch nichts verändert. Im Islam, der einem ewig transzendenten Wesen ergeben ist, hat die Zeit nur zwei Komponenten: Die Ewigkeit und die Gegenwart.

Die Nachtwache an Laylat al-Qadr endet mit Gebeten, die den Tagesanbruch begrüßen. Als sich der Himmel im Osten erhellte und die zerklüfteten Umrisse des fünf Kilometer entfernten Hira enthüllte, versammelten sich die Pilger nach Beendigung ihrer Gebete zum *tawaf*. Die wogende Menschenmenge umrundete die Kaaba, das Zentrum des islamischen Universums. Von der Energie des *tawaf* erfüllt, schien sich die Kaaba von ihren weltlichen Bindungen zu lösen und in eine himmlische Umlaufbahn einzutreten.

26. März 1999: Über den Zelten im Minatal bei Mekka bricht der Tag an. Nach muslimischem Kalender schreibt man den zweiten Monat des Jahres 1419. Die Zeit für die große jährliche Hadsch-Pilgerfahrt ist wieder gekommen.

Der Höhepunkt der Hadsch ist der Tag von Arafat. Obwohl es erst kurz nach halb fünf Uhr morgens ist, sind die zwei Millionen Bewohner der Zeltstadt schon auf den Beinen. Im grellen Licht der Straßenlaternen bricht die riesige Menschenmenge nach Arafat auf. Eine Hälfte geht zu Fuß, die andere Hälfte sitzt in Fahrzeugen, die im Stau stehen. Glocken läuten. Arafat ist 13 Kilometer entfernt. Der Strom von Menschen scheint kein Ende zu nehmen. Stimmen erklingen im Chor und singen die Worte des Tardiya-Gebets: »Labbaik Allahumma labbaik ... O, Allah, wir werden dir dienen ...«

An diesem Tag versammeln sich die Pilger zum so genannten *uuquf* auf einem Platz in Arafat und bitten Gott um Vergebung ihrer Sünden. Dieser Ritus gilt als das wichtigste Ereignis der Hadsch, und wer nicht daran teilnimmt, hat die Pilgerfahrt nicht vollendet. In Arafat erhebt sich der Granitberg Rahmah, der »Berg der Gnade«, auf den die Pilger bei Sonnenaufgang wie Ameisen strömen. Auf seinem Gipfel ragt eine weiße Säule empor. Als der Prophet Mohammed im Jahr 635 spürte, dass sein Leben zu Ende ging, unternahm er eine »Pilgerfahrt des Abschieds« und hielt hier vor 100 000 seiner Anhänger eine Predigt, die seitdem als die Predigt des Abschieds bekannt ist:

»Ihr müsst wissen«, sprach er, »dass alle Muslime Brüder sind und ihr alle eins seid. Wenn es Über- oder Unterlegenheit zwischen euch gibt, betrifft sie nur den Grad eurer Verehrung für Gott.« Damit, verkündete er, sei seine Mission als Prophet vollendet und der Islam vollkommen. Die heutige Hadsch ist eine originalgetreue Nachahmung der Pilgerfahrt des Abschieds.

Vor der Hadsch müssen Pilger alle Kleidungsstücke und persönlichen Gegenstände ablegen, die auf ihre individuelle Persönlichkeit und ihren Charakter hindeuten. Nachdem sie sich an dafür vorgesehenen Badeplätzen rein gewaschen haben, ziehen sie ein als *ihram* bezeichnetes nahtloses zweiteiliges Kleidungsstück aus weißem Stoff an. Ihre Schuhe tauschen sie mit Gummisandalen. Von allem unnützen Beiwerk befreit, sind sie nun bereit, Gott gegenüberzutreten.

Sie beichten ihre Sünden, vertrauen auf die Gnade Gottes und bitten ihn um Vergebung. An diesem Tag versammeln sich die in den *ihram* gekleideten Pilger in Arafat, bilden Reihen und beten gemeinsam, ungeachtet ihrer Hautfarbe, ihrer Muttersprache und ihres gesellschaftlichen Standes. Dabei stärken sie ihr Gefühl, Mitglieder einer Gemeinschaft zu sein – der islamischen Gemeinde.

Der *ihram* ist ein Zeichen dafür, dass der Träger in einen Zustand der Enthaltsamkeit getreten ist, in dem Streit, Blutvergießen und sexuelle Kontakte tabu sind. Alle Arten von Auseinandersetzungen sind während der Pilgerfahrt strengstens verboten. Der *ihram* ist gleichzeitig das Todesgewand der Muslime. Nach der Pilgerfahrt nimmt jeder Pilger seinen *ihram* mit nach Hause. Eines Tages wird der *ihram* seinen nackten Leichnam bedecken. In ihm wird er beerdigt und in die Arme Allahs zurückkehren.

Ehe sich die Gläubigen auf Pilgerfahrt begeben, müssen sie sämtliche Schulden begleichen. In der Vergangenheit bedeutete eine Pilgerfahrt, sich einer Karawane anzuschließen und die arabische Wüste zu durchqueren; die Gläubigen konnten nicht sicher sein, lebendig heimzukehren, und mussten deshalb zuvor alle persönlichen Angelegenheiten ins Reine bringen. Heutzutage, da die meisten Pilger einfach in ein Flugzeug steigen, ist das Risiko wesentlich geringer, doch die Verpflichtung bleibt bestehen.

Die Pilger verlassen Arafat bei Sonnenuntergang. In Muzdalifa, auf halben Weg zwischen Arafat und Mina, übernachten sie. Außerdem sammeln sie dort Kieselsteine für das Steinigungsritual in Mina. Zwischen Mitternacht und Sonnenaufgang setzen sie ihre Reise fort. Ihr Ziel ist die Jamarat-Brücke bei Mina, die auf drei Felssäulen ruht. An diesem Tag werden die Steiniger auf die Säule namens Aqaba zielen. Die Zeremonie symbolisiert die Entschlossenheit der Muslime, dem Bösen zu widerstehen. Da es im Gedränge recht gefährlich werden kann, dürfen ältere Menschen und auch Frauen Stellvertreter bestimmen. Tatsächlich werden hier jedes Jahr mehrere Pilger zu Tode getrampelt.

Nach der Steinigung schneiden sich die Pilger das Haar als Zeichen, dass sie die Pilgerfahrt vollendet haben. Die Mehrheit schneidet sich nur eine obligatorische Locke ab, aber fast die Hälfte der Männer rasiert sich den Kopf kahl. Dann wird das Fleisch der Opfertiere – die in Muzdalifa geschlachtet wurden – unter den Pilgern verteilt. Dieser Brauch steht im Mittelpunkt des Opferfestes Id al-Adha, dem größten Fest des Islam, und markiert das Ende der Hadsch. Zu diesem Anlass werden in islamischen Haushalten auf der ganzen Welt Tiere geschlachtet. Die Pilger verbringen zwei Tage in der Zeltstadt in Mina und brechen dann, am zwölften Tag der Pilgerfahrt, vor Sonnenuntergang auf. Bei der Kaaba findet vor der endgültigen Abreise aus Mekka ein letzter *tawaf* statt.

Die Pilger dürfen durchaus Handel treiben, um die Kosten der Pilgerfahrt zu decken. Früher, als sich Karawanen aus der gesamten islamischen Welt versammelten, waren Pilgerfahrt und Handel untrennbar verbunden. In gewissem Maß gilt das noch heute. Pilgerinnen aus Südostasien verkaufen Souvenirs, und

auch billige Perserteppiche sowie russische Fotoapparate finden reißenden Absatz.

Die Pilger in Mina schwelgen in der Erfüllung eines Lebenstraums. Die frisch gebackenen *hadschi* – Gläubige, die diese Pilgerfahrt vollendet haben – fühlen sich befreit. Zuvor, als sie noch in ihre *ihram* gehüllt waren, waren sie voll Anspannung, gleich Allah begegnen zu dürfen, aber jetzt tragen sie zu Id al-Adha ihr schönstes traditionelles Gewand. Als ich die riesige Zeltstadt in Mina betrachtete, war ich einmal mehr beeindruckt, wie viele Menschen verschiedener Nationalitäten hier zusammenkommen, deren unterschiedliche Kleider die Vielfalt des Islam widerspiegeln.

Nachdem die Pilger nach Mekka geströmt sind und die Solidarität der Muslime bekundet haben, kehren sie in ihre jeweiligen Heimatländer zurück. Die mindestens drei Millionen Menschen, die an den Pilgerfahrten während des Ramadan und an anderen, unbedeutenderen Pilgerfahrten teilnehmen, beteiligen sich im Jahresverlauf an zahlreichen Treffen und Veranstaltungen, was Jahr für Jahr die fundamentale Einheit der islamischen Welt bekräftigt und dabei den Islam erneuert und verbreitet. Um es anders zu formulieren: Mekka ist seit der Entstehung des Islam vor 1400 Jahren das Herz, das die Gemeinde der Gläubigen mit frischem Blut versorgt. Meine Teilnahme an der Hadsch hat mein Bewusstsein erweitert, sowohl für die Größe der islamischen Welt als auch für Mekka, ihre heiligste Stätte. Die islamische Gemeinde von heute umfasst nicht weniger als ein Sechstel der Weltbevölkerung.

303 Die Frauen, die bei der Moschee des Propheten in Medina die Sonnenuntergangsgebete rezitieren, nutzen jeden Quadratzentimeter des vorhandenen Platzes aus.

MEKKA
ZWEI MILLIONEN MENSCHEN AUF DER HADSCH

304–305 Zwei Pilger auf einem Hügel, der die Zeltstadt in Mina überragt. Die Pilger verbringen fünf Tage in der Zeltstadt.

306–307 Pilger aus
Pakistan warten auf dem
Hof der Moschee auf den
Beginn der Gebete. Streit
ist in der heiligen Stätte
strengstens verboten.

308 In Mekka wir der *kiswah* mit goldfarbenem Faden bestickt.

309 Einigen Pilgern wird die besondere Ehre zuteil, vor der Tür der Kaaba zu beten.

310–311 Die Muslime glauben, dass der schwarze Stein als Symbol des Bündnisses zwischen Gott und Adam mit all seinen Nachkommen vom Himmel gefallen ist.

betender Pilger streckt die Hand zum *kiswah* aus, dem schwarzen Stoff,
Kaaba bedeckt. Er trägt einen *ihram* – das traditionelle Pilgergewand,
das aus zwei Streifen weißen Stoffs besteht.

314–315 Ein Pilgerpaar aus Pakistan lehnt im Gebet den Kopf gegen den *kiswah*. Er besteht aus schwarzer Seide und wird jährlich am neunten Tag des Pilgerfahrtsmonats durch einen neuen ersetzt.

316–317 Pilger schneiden sich die Haare zum Zeichen, dass sie die Hadsch vollendet haben. Frauen schneiden sich nur eine oder zwei symbolische Locken ab, während sich die meisten Männer den Kopf vollkommen kahl rasieren lassen.

318–319 *Mahrib*-Gebete bei
Sonnenuntergang in der Zeltstadt
von Mina. Die Vorschriften aus der Zeit
Mohammeds weisen den Gläubigen an,
dem Weg des Propheten und seiner
Anhänger im Jahr 632 zu folgen.

321 Ein Mann ist zu Tränen gerührt, als die Hadsch ihren Höhepunkt erreicht. Für Muslime bedeutet der Besuch Mekkas die Erfüllung eines Versprechens, das sie Gott gegeben haben.

322–323 In der Nacht des 27. Tages im Monat Ramadan offenbarte sich dem Propheten Mohammed der Koran. Daher ist dies die heiligste Nacht im muslimischen Jahr.

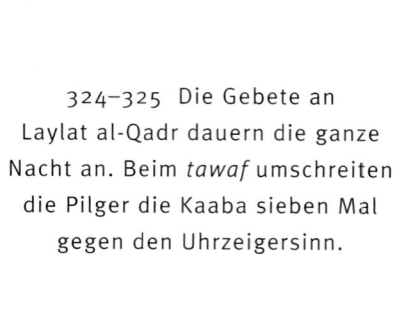

324–325 Die Gebete an
Laylat al-Qadr dauern die ganze
Nacht an. Beim *tawaf* umschreiten
die Pilger die Kaaba sieben Mal
gegen den Uhrzeigersinn.

326–327 Während einer Gebetspause beobachten Menschen von den Dächern den *tawaf* um die Kaaba, der auf diesem Bild einem riesigen Wasserstrudel gleicht.

MEDINA
ZWEITHEILIGSTE STADT DES ISLAM

328–329 Die Moschee des Propheten ist um Mohammeds Grab gebaut, das sich unter den grünen Kuppeln in der Mitte befindet. Diese Aufnahme zeigt die Morgengebete für Id al-Fitr, das Fest, das den Fastenmonat Ramadan beendet.

331 Ein nigerianischer Pilger betet an der Tür der Moschee des Propheten. Selbstverständlich reisen Mekkapilger auch nach Medina.

332–333 Diese Gastarbeiterkinder lernen in einer Koranschule in Medina. Viele Bewohner von Mekka und Medina stammen von Pilgern aus aller Welt ab, die sich dort niederließen, anstatt nach Hause zurückzukehren.

334–335 Angetrieben von den aus
Lautsprechern schallenden Rufen eilen
Gläubige über den mit Marmorplatten
gepflasterten Hof der Moschee des Propheten
zu den Sonnenuntergangsgebeten.

336–337 Pilger genießen das *iftar*, die
abendliche Mahlzeit, die das ganztägige
Fasten während des Monats Ramadan
beendet. Wohltätige Menschen aus
Medina haben das Essen gespendet.

338–339 Pilger nehmen auf dem
Gelände der Moschee des Propheten
am *iftar* teil. Wer einen Fastentag
erfolgreich hinter sich gebracht hat,
spricht ein kurzes Dankesgebet,
ehe er das Fasten bricht.

Medina 341

340–341 Nicht nur in Medina nehmen alle Gläubigen einmütig am Freitagsgebet teil, vor dem der Imam eine halbstündige Predigt hält.

342–343 Pilger ziehen einen *ihram* an, um ihr Herz auf den Gottesdienst vorzubereiten. So gekleidet sind sie bereit zum Aufbruch.

AFRIKAS GROSSER STROM

DER NIL

LEBENSSPENDER
IN DER WÜSTE

NUBIEN

NIL-HOCHWASSER

MENSCHEN FÜHLEN SICH AUS DEN VERSCHIEDENSTEN GRÜNDEN ZU BESTIMMTEN ORTEN HINGEZOGEN. MEINE LIEBESBEZIEHUNG ZUM NIL BEGANN AM UFER EINES KLEINEN BACHES IN DER SAHARA.

Es hatte 50 Grad Celsius. Es war im August 1975; ich war bereits seit einem Jahr in der Wüste und pleite. Ich hatte einen Freund gebeten, mir Geld zu schicken, damit ich die Rückreise nach Europa bezahlen konnte, und zeltete am Rand einer Oase, in der es ein Postamt gab. Würde das Geld jemals eintreffen?

Der Bach war teilweise ausgetrocknet. In seinem Bett waren vereinzelt Pfützen, die so salzig waren, dass man sich nicht einmal darin waschen konnte. Als ich dasaß und die Pfützen in der flimmernden Hitze betrachtete, hatte ich eine Vision: »Der Nil!« Der gewaltige Nil, der durch die Sahara strömt, 4000 Kilometer weit von Süden nach Norden, und nie austrocknet!

Die Überschwemmungen des Nils beginnen Mitte Juni, wenn die Hitze der ägyptischen Wüste unerträglich wird und sich der Sirius kurz vor Sonnenaufgang am östlichen Himmel zeigt. Heute wie damals, im Alten Ägypten, symbolisiert die Überflutung des Nils Wiedergeburt. Jede Wolke fauligen Salzgestanks, die vom heißen Wind hergetragen wurde, schürte neue und großartige Visionen vom Nil in meinem Kopf, während ich wartete, unfähig mich davon zu machen, ein Gefangener der Wüste.

Fünf Jahre vergingen, bis ich im Oktober 1980 meine Nilreise begann – stromaufwärts, von der Mündung bis zur Quelle. Nachdem mein Begleiter und ich in einem Landrover Ägypten durchquert hatten, nahmen wir in Assuan, der südlichsten Stadt Ägyptens, eine Fähre, die uns über den Nassersee in den Sudan brachte. Der Nassersee wird vom Assuanhochdamm aufgestaut und erstreckt sich von Norden nach Süden über mehr als 480 Kilometer.

Unsere Fähre war ein heruntergekommener namenloser Kahn. Auf sein 30 Meter langes Stahldeck waren vier Autos geladen worden. Zwei ramponierte Boote aus Stahlblech- und Sperrholzresten ohne Motor, die irgendwie zusammenhielten, waren an der linken und an der rechten Reling festgezurrt. Die Fähre war vollkommen überladen und quoll buchstäblich über von Passagieren. Das waren hauptsächlich Nubier, die mit Einkäufen beladen von der Arbeit in Ägypten heimkehrten und einen triumphalen Empfang erwarteten. Da die Fähre keinerlei Navigationsinstrumente besaß, legte sie über Nacht an und fuhr erst bei Tagesanbruch weiter. Bei dieser Art der Beförderung war es nicht überraschend, dass wir für die weniger als 400 Kilometer lange Strecke drei volle Tage unterwegs waren.

Unterwegs wurden die Abfallberge an Bord mit jeder Minute höher. Fliegen schwirrten umher, Ratten huschten hin und her. Den Passagieren war es einerlei,

Diese Bauern durchqueren die seichten Gewässer des Atbara und des Nils.

347 Links: Mit diesen praktischen unglasierten Töpfen, die in Oberägypten und Nubien verbreitet sind, ist das Abschöpfen von Nilwasser eine einfache Angelegenheit.

347 Rechts: Die Assuanfähre. Die schwarz gekleideten Frauen sind Nubierinnen.

mit DDT besprüht zu werden. Sie knabberten an mitgebrachtem Brot, tranken Seewasser, das sie mit leeren Dosen schöpften, und vermittelten den Eindruck, dass sie die Reise genossen. Ich beobachtete sie ergriffen. Das ist Afrika, dachte ich, das wahre Afrika.

Eine sandige Straße verbindet Wadi Halfa auf der sudanesischen Seite des Nassersees mit der 1000 Kilometer entfernten Hauptstadt Khartum. Nirgendwo im Niltal ist die Natur unerbittlicher als im nordsudanesischen Teil Nubiens. Einige grüne Oasen am Flussufer werden von saftigen Dattelpalmen beschattet, der Rest der Region ist eine unbewohnte Sandwüste. In Ägypten verhindern Staudämme Überschwemmungen, hier jedoch herrscht noch heute der uralte Zyklus von Ebbe und Flut. Bei Hochwasser tritt der von Erde und Sand dunkelgrau gefärbte Fluss über die Ufer.

Die Hautfarbe der Menschen wird immer dunkler, je weiter man nach Süden kommt. Eine besonders bemerkenswerte Tradition, sowohl bei Männern als auch bei Frauen, ist das Einritzen von Abstammungszeichen in beide Wangen. Die Zeichen unterscheiden sich zwar, bestehen aber bei allen Ethnien grundsätzlich aus drei tiefen horizontalen oder vertikalen Schnitten. Das wilde Funkeln in den Augen der Männer und ihr eigentümlicher Gesichtsausdruck ließen mich anfangs oft zusammenzucken, als ich mich daran gewöhnt hatte, erkannte ich, wie herzlich sie waren. Das unterscheidet sie von den Ägyptern, die Touristen oft als Selbstverständlichkeit betrachten. Wenn man hier an einem Haus vorbeifährt, winkt einen der Besitzer oft herbei und ruft: »Faattar, faattar, kommen Sie herein, ruhen Sie sich aus, und trinken Sie eine Tasse Tee!«

DER BLAUE NIL

LEBEN FLIESST DURCH DIE WÜSTE

348–349 Der Blaue Nil fließt vom äthiopischen Hochland in die Wüste des Sudan. In der von brütender Hitze und Sandstürmen geprägten Landschaft ist das Wasser des Nils das Einzige, das Leben erhält.

350–351 In der Nähe
von Dongola im Nordsudan
zerrt ein Mann seinen Esel
auf eine Fähre. Von Khartum
bis Assuan in Ägypten gibt
es keine einzige Brücke
über den Nil.

352–353 Eine *felluca* segelt durch
die Abenddämmerung – ein ewiges
Bild des Lebens auf dem Nil.

354–355 Eine alte Frau stattet dem
Grab eines Heiligen in einer Moschee in
der Innenstadt Kairos einen Besuch ab.
Besonders für ältere Gläubige sind
Moscheen wichtige Orte der
Ruhe und Meditation.

356 und 357 Bauern durchqueren den fast ausgetrockneten Atbara, auch »Schwarzer Nil« genannt. Während der Regenzeit führt er oft Hochwasser, aber sobald kein Regen mehr fällt, hört er fast auf zu fließen.

358–359 In der Nähe des
Zusammenflusses von Atbara und Nil
kehren Bauern durch das seichte
Wasser nach Hause zurück.
Die ägyptische Zivilisation wurde
aus Wüste und Wasser geboren.

NUBA

SAVANNEN-BERGDORF

DIE KORDOFAN-SAVANNE IM ZENTRAL-SUDAN IST UNGEFÄHR SO GROSS WIE TUNESIEN. SIE WIRD STELLENWEISE VON DEN NUBABERGEN DURCHBROCHEN, DEREN HÖCHSTE GIPFEL KNAPP 1500 METER MESSEN UND MIT IHREM BLANKEN GRANIT EINEN SCHROFFEN ANBLICK BIETEN.

Die Region Nuba ist die Heimat einer halben Million Menschen, die etwa 50 verschiedenen Ethnien angehören. Alle diese Völker sprechen völlig verschiedene Sprachen, sodass ein Nuba, der einen Berg überschreitet, nicht in der Lage wäre, sich mit den auf der anderen Seite lebenden Nuba zu verständigen. Ihre Bräuche sind so unterschiedlich, dass sie behaupten, ihre Vorfahren hätten verschiedenen Ethnien angehört, die vom Nilufer bis zur Savanne angesiedelt waren.

Irgendwann in der Vergangenheit suchten brutale Sklavenhändler aus dem Norden die Region heim. Vermutlich stammen die heutigen Nuba von unterschiedlichen Ethnien ab, die sich in den Bergen versteckten, um den Sklavenhändlern zu entkommen. Die Zivilisation stieß nur langsam in diese abgelegenen Berge vor. Noch vor 30 Jahren war Kleidung dort völlig unbekannt, und die Menschen waren stets splitternackt. Sowohl Männer als auch Frauen schmücken sich, indem sie sich mit Messern Schnittwunden zufügen, sodass die Narben verschiedene Muster bilden – eine Art der Körperverzierung, die in Afrika eine jahrtausendealte Tradition hat.

Im Mittelpunkt des Lebens der Nuba stehen ihr Körperkult und ihre Verherrlichung männlicher Stärke, die sie insbesondere durch Ringkämpfe zum Ausdruck bringen. Ringkämpfe werden vor allem zu den Erntefeierlichkeiten veranstaltet, und mein Besuch im November fiel mit den Ringkämpfen am Ende der Hirseernte zusammen.

Obwohl ich keine ihrer Sprachen beherrsche und nur ein paar Brocken Arabisch kann, wanderte ich sechs Tage lang von einem Dorf zum nächsten. Einmal schloss ich mich einer Gruppe junger Nuba an, deren muskulöse Körper mit Asche bemalt waren. Mit Speeren in den Händen bahnten sie sich den Weg über die verdorrten Felder. »El Uheimah«, sagten sie und deuteten auf einen steilen felsigen Berg in der Ferne. Vom Fuß des Berges ertönten Trommeln. Der Beginn der Ringkämpfe stand kurz bevor.

Die Kämpfe werden auf abgeernteten Hirsefeldern ausgetragen. Die Ringer gaben ein verwegenes und zugleich bizarres Bild ab. Sie hatten sich den Körper mit Asche beschmiert, trugen bunte Hosen und Stoffstreifen und hatten sich Speere und altmodische Gewehre auf den Rücken geschnallt. Junge Frauen, deren vollständig mit Öl eingeriebene schwarze Haut in der sengenden Sonne des frühen Nachmittags glänzte, begleiteten sie. Auf ihren Köpfen trugen sie Krüge, die mit einem als *marise* bezeichneten Bier gefüllt waren. Dieses war für die Gewinner bestimmt.

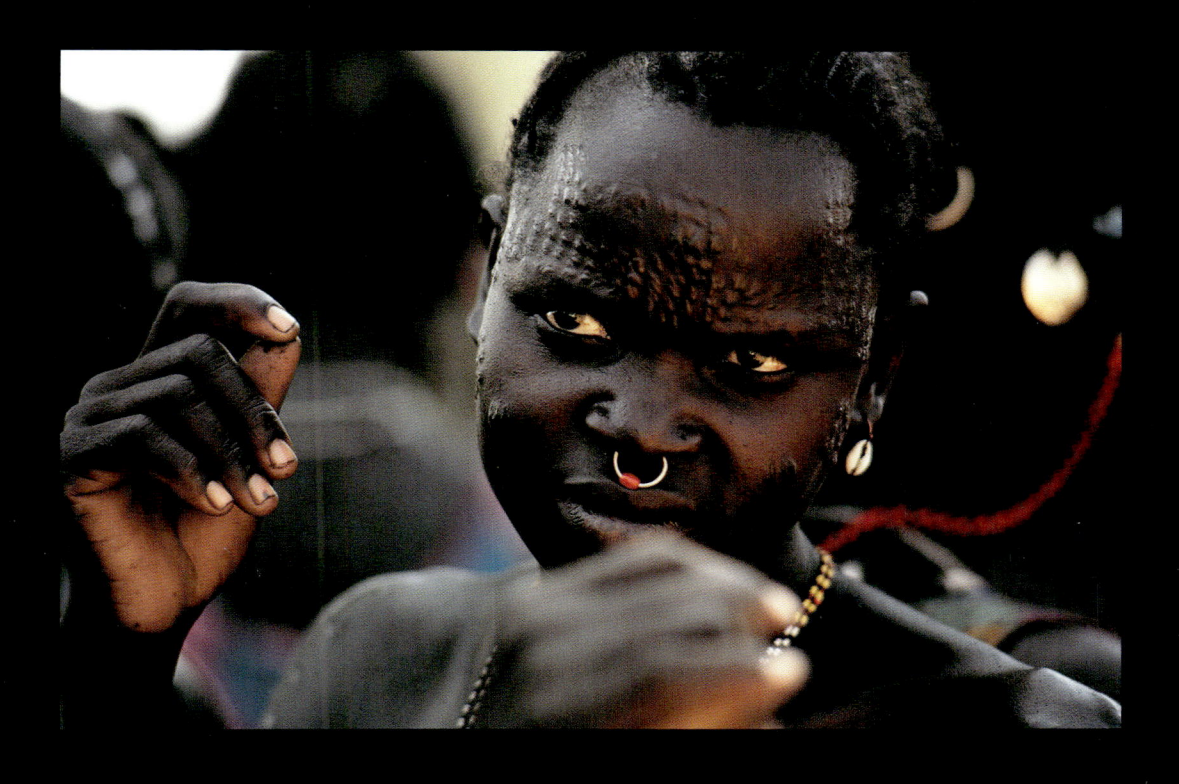

361 Das Gesicht dieser jungen Frau ist mit kunstvollen Narben verziert.

Als die Sonne kurz nach drei Uhr zu sinken begann, rannten mehrere Männer mit Fahnen auf das Feld hinaus, um die heilige Asche zu verstreuen. Auf dieses Signal hin setzten sich hunderte von Männern, Ringer wie Dorfbewohner, wie eine riesige Welle in Bewegung und rannten über das verdorrte Gras. Ein Horn ertönte, und die Schreie der Männer erhoben sich zu einem Getöse, das die aufgewirbelten Staubwolken zerriss.

Nachdem sich das riesige Chaos endlich gelegt hatte, begannen die Kämpfe. Die Ringer schienen sich in Trance zu befinden, da ihre Rufe und Schreie beinahe unmenschlich klangen. An den Seitenlinien des Kampffelds sangen und tanzten die Mädchen. Triumphierende Gewinner wurden begleitet vom Jubel der Mädchen von ihren Anhängern auf den Schultern nach Hause getragen. Die Sympathisanten der Verlierer schrien vor Wut und stampften ärgerlich mit den Füßen auf.

Dem Gesamtsieger wurde ein Akazienzweig verliehen. Sein mit geweihter Asche gesalbter Rücken glänzte golden im Sonnenuntergang.

362–363 Kleine Mädchen spielen in der Nähe eines Dorfes unter einem Affenbrotbaum. Seine Früchte schmecken ziemlich sauer.

364 und 365 Der Zugang zu dieser Getreidekammer soll Ratten fern halten: Er befindet sich weit oben und ist so eng, dass nur Kinder hindurchpassen. Wenn er nicht benutzt wird, ist er mit einem Deckel verschlossen.

366 und 367 Frauen beim Kochen. Ein typischer Familienwohnsitz besteht aus vier oder fünf zylindrischen Gebäuden, die sich um einen Hof gruppieren.

365

368–369 Nubische Mädchen versammeln sich bei einem Ringkampf, um die Teilnehmer anzufeuern. Ihre eingeölte, mit Perlen und Kaurimuscheln verzierte Haut glänzt schwarz. Die Anhängerinnen der Gewinner schreien vor Freude und tragen die triumphierenden Sieger nach Hause, während die Anhängerinnen der Verlierer vor Wut stöhnen und mit dem Fuß aufstampfen.

RINGKÄMPFER DER SAVANNE

371 Nubische Ringkämpfe sind ein wichtiger Teil des Erntefestes und finden meist im Dezember statt, nachdem die Ernte eingefahren ist. Die Nubier betrachten männliche Stärke als die höchste Tugend.

373 Die geweihte Asche, mit der die Ringer sich den Körper einreiben, stammt
von verbrannten Akazienzweigen. Die Gewinner werden abermals mit
»Siegerasche« eingerieben.

374–375 Vor dem Kampf nehmen
die Ringer Hirsefladen und
Okrasuppe zu sich.

376 Bei nubischen Ringkämpfen wird nur im Stehen gekämpft. Wer zu Boden geht, hat verloren.
Anschließend trifft der Sieger auf den nächsten Gegner.

377 Der Gewinner wird auf den Schultern seiner Anhänger nach Hause getragen und mit »Siegerasche« eingerieben.

378 und 378–379 Die Tänze zu Ehren des
Siegreichen dauern lange und folgen einem
temporeichen Rhythmus. Die besten
Tänzerinnen werden mit Geld belohnt,
das in ihre Oberteile gesteckt wird.

DINKA UND NUER

SYMBIOSE VON MENSCH UND TIER

VIER CESSNAFLUGSTUNDEN SÜDLICH VON KHARTUM LIEGT DAS RIESIGE SUMPFGEBIET, DAS UNTER DEM NAMEN »SUDD« BEKANNT IST. DER WEISSE NIL, DER SICH NORDWÄRTS DURCH DIE SAVANNE SCHLÄNGELT, VERSCHMILZT HIER MIT DEM MORAST, DESSEN OBERFLÄCHE MIT PAPYRUSSTAUDEN BEDECKT IST.

Im Arabischen deutet »Sudd« auf Grenzen und geschlossene Räume hin. Das in Hitze und Feuchtigkeit gehüllte Sudd beherbergt unzählige schwimmende Inseln aus Wasserpflanzen und Papyrusstauden, die flussabwärts treiben und sich im Sumpf ansammeln. Strömung und Wind sorgen dafür, dass sich die Inseln immer wieder auflösen und neu bilden.

Während der Regenzeit setzen die Nilüberschwemmungen und vor allem die starken Regenfälle im Sudd das Tiefland unter Wasser, bis der Sumpf so groß ist wie Deutschland. Die Regenzeit dauert ein halbes Jahr und macht das Vorankommen zu Lande schwierig. Kein Wunder, dass die so genannte Zivilisation nur langsam in diese Region eingedrungen ist, die als eine der letzten unerforschten Gegenden der Welt gilt. Die Entdecker des 19. Jahrhunderts, die sich auf der Suche nach der Quelle des Nils flussaufwärts bis ins Sudd vorwagten, wurden von den schwimmenden Inseln an der Weiterfahrt – und auch an der Rückkehr – gehindert, worauf viele von ihnen verhungerten oder Krankheiten zum Opfer fielen.

Wir flogen immer weiter über das Chaos aus Wasser und Vegetation. Plötzlich tauchte aus dem Nichts ein Kanu auf, in dem zwei Männer saßen. Ihre Paddel kräuselten das graue Wasser. Als wir im Tiefflug zu kreisen begannen, um uns die Männer genauer anzusehen, hörten sie auf zu paddeln und sahen zu uns hoch. Sie waren splitternackt. Wir flogen weiterhin im Kreis und gingen noch tiefer. Einer der Männer schwang drohend sein Paddel, als sei es ein Speer. Offenbar hielt er den seltsamen mechanischen Vogel für bedrohlich.

Die Männer waren Sudd-Fischer der Dinka. Später besuchten wir eine ihrer Siedlungen. Ihre strohgedeckten Hütten am Flussufer standen auf 50 Zentimeter hohen Erdhügeln, die sie in der Regenzeit und bei Hochwasser trocken hielten. Die Männer fischten jeden Tag mit einfachen Netzen und fingen gerade einmal genug, um die Bewohner ihres Dorfes zu versorgen. Einem Mann fehlte ein Teil des Oberschenkels. Ein Krokodil habe ihn angefallen und schwer verletzt, erzählte er.

Nach ein paar Tagen kündigten die Männer an, dass sie auf Nilpferdjagd gehen würden, und fragten mich, ob ich sie begleiten wolle. Mit Harpunen bewaffnet machten sie sich in zwei Kanus auf den Weg. Wir fuhren zu einer schwimmenden Insel von gut einem Kilometer Durchmesser. Sie zu betreten war gefährlich – wenn man zu fest auftrat, landete man im

381 Ein Viehcamp der Dinka bei Sonnenuntergang. Der Rauch brennenden Kuhmists hält Mücken fern.

Wasser. »Ganz leise«, sagten die Männer, und ich ging noch vorsichtiger als zuvor. In der Mitte der Insel teilten die Männer das Gras, damit die Nilpferde hier Luft schnappen konnten. Dann steckten sie den Rand der Insel in Brand, um die Tiere in unsere Richtung zu treiben, und versammelten sich um das Loch, die Harpunen einsatzbereit. Wir warteten zwei Stunden und wagten kaum zu atmen. Ich hielt meine Kamera bereit und malte mir blutige Kampfszenen aus, doch kein Nilpferd erschien. Erschöpft kehrten wir unter dem leuchtend roten Abendhimmel zu den Kanus zurück. Durch welch einfaches Land der Nil, dieser Fluss der Zivilisation, doch fließt, wenn er den Sudan quert, dachte ich mir.

Ich war über Land gereist und im April, am Ende der Trockenzeit, im Sudd angekommen. Das Savannengras war gelb und verdorrt. Ab und zu sah man, wie Einheimische das alte Gras anzündeten, um den Boden für das Weidegras zu nähren, das die baldigen Regenfälle würden sprießen lassen. Als um die lodernden Feuer die Nacht hereinbrach, ertönte aus den Viehcamps in der Nähe der pulsierende, pochende Rhythmus von Trommeln – die passende Hintergrundmusik, so schien mir, zu einer wilden afrikanischen Oper. Gedankenversunken blickte ich in die Nacht hinein.

Die Nuer und die Dinka, zwei im Sudd beheimatete Völker, leben von ihren Herden – und sie praktizieren dies auf derart intensive Weise, dass sie für Ethnologen von größtem Interesse sind.

Während der Regenzeit, wenn das Hochwasser des Weißen Nils das Tiefland zum Sumpf macht, ziehen sich die dort lebenden Menschen in ihre Dörfer in höher gelegene Gebiete zurück, doch sobald die Trockenzeit kommt, campieren sie auf dem tief gelegenen Weideland an den Flussufern. Hier leben Mensch und Tier gleichsam in Symbiose. Im Sudd, wo Malaria eine allgegenwärtige Gefahr ist, haben die Menschen einen effektiven Schutz gegen die Krankheit verbreitenden Mücken entwickelt: Sie verbrennen nachts Kuhmist. Der Rauch, sagen sie, eigne sich ausgezeichnet zur Insektenabwehr.

Eigentlich war ich ins Sudd gereist, um in einem Hirtencamp zu wohnen und am Leben der Hirten teilzunehmen und sie zu fotografieren. Doch wie sollte das funktionieren, wo ich kein Wort ihrer Sprache beherrschte? Hätte ich einen Führer anheuern sollen? Nein, es war besser, das zu machen, was ich immer tat – alleine zu reisen und zu improvisieren. Auf diese Weise hatte ich den ganzen Nil bereist, und meist war alles glatt gegangen. Ich glaube, behaupten zu können, dass ich im Lauf der vielen Jahre, in denen ich abgelegene Gegenden besucht und dabei oft mein Leben riskiert habe, eine Persönlichkeit entwickelt habe, die auf andere Menschen beruhigend wirkt. Alleine bin ich nie in Schwierigkeiten geraten. Nur wenn mir Einheimische als Mittelsmänner gedient haben, gab es manchmal Probleme. Und was kümmerte mich die Sprachbarriere? Ich war nicht hier, um für eine akademische Arbeit zu recherchieren. Ein paar Brocken Arabisch würden genügen, um einfache Gespräche zu führen.

Was mich am meisten überraschte, als ich mich im Zeltlager einrichtete, war, dass es zwischen den Männern und dem Vieh keinerlei Zäune, Hecken oder sonstige Barrieren gab. Angesichts der Tatsache, dass Abgrenzung Zivilisation symbolisiert, war das, was ich dort erlebte, praktisch eine frühe Phase im Zusammenleben von Mensch und Tier.

Die Männer schliefen mit ihren Herden auf der Asche des Dungs zwischen Haufen von schwelendem Kuhmist, dessen Rauch die Mücken fern hielt. Jeden Morgen wachten Sie mit dem Muhen der Rinder auf. Die älteren Männer blieben übrigens im nahe gelegenen Dorf. Bei den Herden campierten hauptsächlich junge Männer. Wenn eines der Tiere Wasser ließ, eilten die Männer zu ihm, um sich das Gesicht im dampfenden Urin zu waschen. Sie molken die Kühe, streichelten ihnen als Zeichen der Zuneigung die Hörner, rieben ihnen den Rücken mit Asche ein und vertrieben die Fliegen – kurz gesagt, sie taten alles, was sie für sie tun konnten. Das war ihre Art, an der sich zweifellos seit Jahrtausenden nichts geändert hatte. Die Männer lebten mit ihrem Vieh in glücklicher »Symbiose«.

Dem Bericht eines Ethnologen zufolge taufen Hirten ihre Lieblingsrinder auf ihren eigenen Namen und schreiben Loblieder auf sie. Die Liebe zu ihrem Vieh ähnelt der bedingungslosen Liebe von Eltern zu ihren Kindern. Sie teilen ihre Rinder anhand ihrer Fellfarbe und Zeichnung in mindestens 27 verschiedene Kategorien ein. Ich hatte ein wissenschaftliches Buch über Rinder dabei, und als ich ihnen die Bilder zeigte, riefen sogar die Kinder voller Begeisterung die jeweilige Bezeichnung aus. Kein Wunder, da sie ja mit Rindern aufwachsen. Wenn sie Hunger haben, melken sie einfach eine Kuh; sie pflegen ihren Körper, indem sie sich mit der Asche des Dungs einreiben, und schlafen auf Matratzen aus Rinderfell.

Wenn die Hirten ihr Vieh auf die Weiden treiben, sammeln sie den Dung der Nacht ein und breiten ihn zum Trocknen aus. Am Abend schaufeln sie den trockenen Dung auf einen Haufen und verbrennen ihn. Wenn das Vieh zum Camp zurückkehrt, hissen die Männer ihre Flaggen und singen Lieder zu Ehren ihrer Tiere, mit denen sie eine Runde um das Lager drehen. In der Savanne, wo zahlreiche Feinde lauern, könnten die Rinder ohne die Hilfe der Menschen nicht überleben.

Als ich in den kühlen Morgenstunden über die Männer, ihre Tiere und das Leben, das sie so innig teilen, nachdachte, erinnerte ich mich an eine Felsmalerei, die ich tief in der Sahara gesehen hatte. Sie war etwa 6000 Jahre alt und stellte genau die Mensch-Vieh-Symbiose dar, die ich hier erlebte.

Zwei Jahre nach meinem Aufenthalt im Süden des Sudans verkündete die islamische Regierung des Landes plötzlich ihre Absicht, im ganzen Land das islamische Recht der Scharia einzuführen. Der größte Teil des Südens ist entweder christlich oder animistisch geprägt. Nichtmuslimen die Scharia – die unter anderem Alkohol verbietet – als staatliches Rechtssystem aufzuzwingen war absurd und stellte eine Verletzung der Menschenrechte dar.

Die schwelenden Konflikte zwischen Norden und Süden entfachten daraufhin einen blutigen Bürgerkrieg. Für den Süden, der von Massakern und Hungersnöten gebeutelt wurde, hatte er verheerende Folgen. Das Leben, von dem ich dort 1981 einen kurzen Blick erhaschte – Mensch und Tier in harmonischer Einheit –, tat in der traditionellen Kultur Afrikas offenbar seinen letzten Atemzug.

384–385 Der Weiße Nil schlängelt
sich durch das weite Sumpfgebiet, das
»Sudd« genannt wird. 160 Kilometer
flussabwärts von Juba im Südsudan
ergießt er sich in einen riesigen Sumpf
voller schwimmender Grasinseln.

386–387 Ein Kanu bahnt sich den
Weg zwischen schwimmenden Inseln.
Flussbarsche und andere Fische,
die mit Netzen im Nil gefangen werden,
sind die wichtigste Nahrung der
hier lebenden Menschen.

388 Ein Junge trägt den Kopf einer Gazelle nach Hause, die ein Hund getötet hat.
In der Savanne um das Camp leben unzählige Wildtiere.

390–391 Ein Dinka sammelt frischen Kuhmist. Die ganze Nacht hindurch schwelt das Feuer des Dungs. Ohne diesen Rauch wäre die von Malariamücken verseuchte Sudd-Region unbewohnbar.

392–393 Diese Männer bringen ein Rind
weg, das an einer Krankheit zugrunde ging.
Da Vieh nur zu Opferzwecken geschlachtet
wird, bietet ein totes Rind wertvolle
Nahrung. Wenn eine Kuh stirbt, »sind
unsere Augen und Herzen traurig, aber
unsere Zähne und Mägen froh«, wie ein
einheimisches Sprichwort besagt.

394–395 Das Camp erwacht vom Lärm
muhender Kühe. Sobald die Männer mit dem
Melken fertig sind, wird die Herde auf die
Weiden hinaus getrieben.

396–397 Ein Dinka knüpft ein Seil,
da die Rinder nachts angebunden werden.
Die Männer schlafen auf der Asche des Dungs,
in einem Ring aus abgestorbenen Ästen.

398 Indem er in die Vulva der Kuh bläst, stimuliert der Junge die Kuh und regt den Milchfluss an.
Mit der rechten Hand streichelt er das Euter der Kuh.

399 Ein Junge wäscht sich das Haar im Urin der Kuh. Da die Kinder praktisch mit den Rindern aufwachsen,
empfinden sie keinen Ekel vor den Exkrementen der Tiere.

400–401 Ein Nuerjunge saugt
am Euter einer Kuh. Nachdem die
Kinder den Milchfluss der
Kuh durch das Blasen in die Vulva
stimuliert haben, trinken
sie ihre Milch, die ihr einziges
Frühstück darstellt.

402 und 403 Ein Mann pflegt das
Haar eines Gefährten. Das Einreiben
des Haars mit Asche hält Flöhe und
Läuse fern. Der gesamte Körper wird
ebenfalls mit Asche bedeckt.

404–405 Nachdem das Haar mit Rinderurin
angefeuchtet wurde, werden die Locken
mithilfe eines Akazienholzes sorgfältig geformt.
Der im Urin enthaltene Ammoniak ist für die
goldene Färbung verantwortlich.

405 Dieser Dinka hat sich mit
Asche aus Rindermist »geschminkt«.

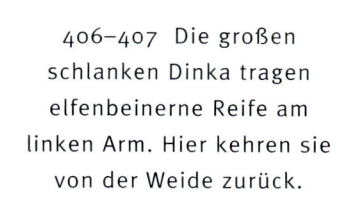

406–407 Die großen
schlanken Dinka tragen
elfenbeinerne Reife am
linken Arm. Hier kehren sie
von der Weide zurück.

408–409 Ein Dinkajunge hat seinen Körper mit Asche bestreut. Nachdem das Vieh auf die Weide getrieben wurde, widmen sich die Männer im Camp der Körperpflege.

410–411 Diese Männer haben sich vor der brütenden Hitze in
eine Hütte geflüchtet. Die meisten Männer im Camp sind jung.
Alte Menschen und Frauen leben im Hochland.

411 Das dreifache »V« auf der Stirn dieses Mannes
ist das Symbol der Dinka.

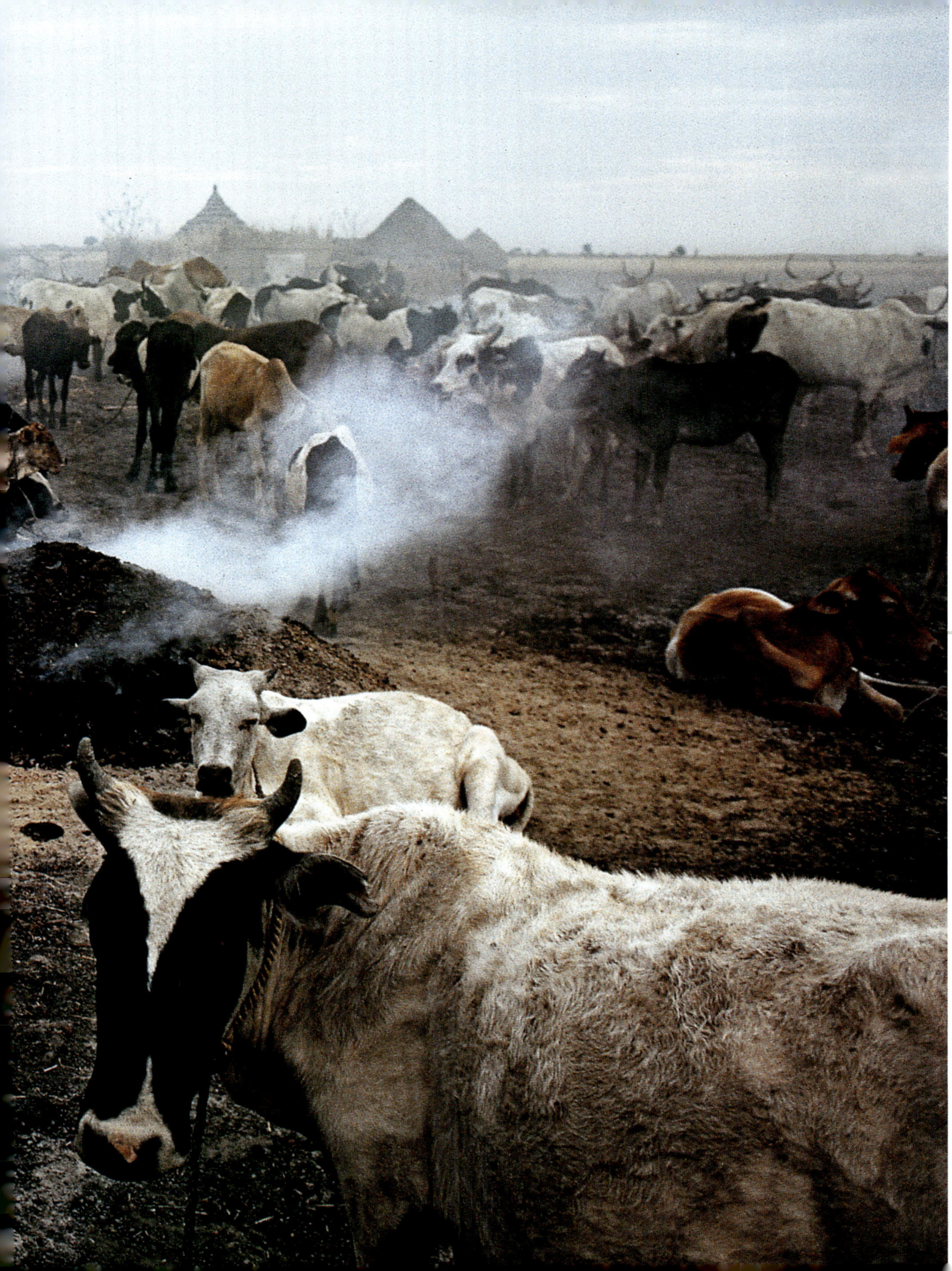

412–413 Die Nuer, die weithin für ihre kriegerische Art bekannt sind, überfallen häufig Dinkacamps, um Vieh zu stehlen.

414–415 Dieses Camp am Weißen Nil wird bei steigendem Wasserstand nach Beginn der Regenzeit zu einem Sumpf. Dann siedeln die Bewohner in ihr Dorf im Hochland um.

416–417 Ein Nuermädchen bereitet das Abendessen zu. Milchprodukte und Hirse sind die Grundnahrungsmittel.

418–419 Ein Tanz zu Ehren des Viehs: Außerhalb des Tanzkreises wird ein furchtloser Bulle herumgeführt.

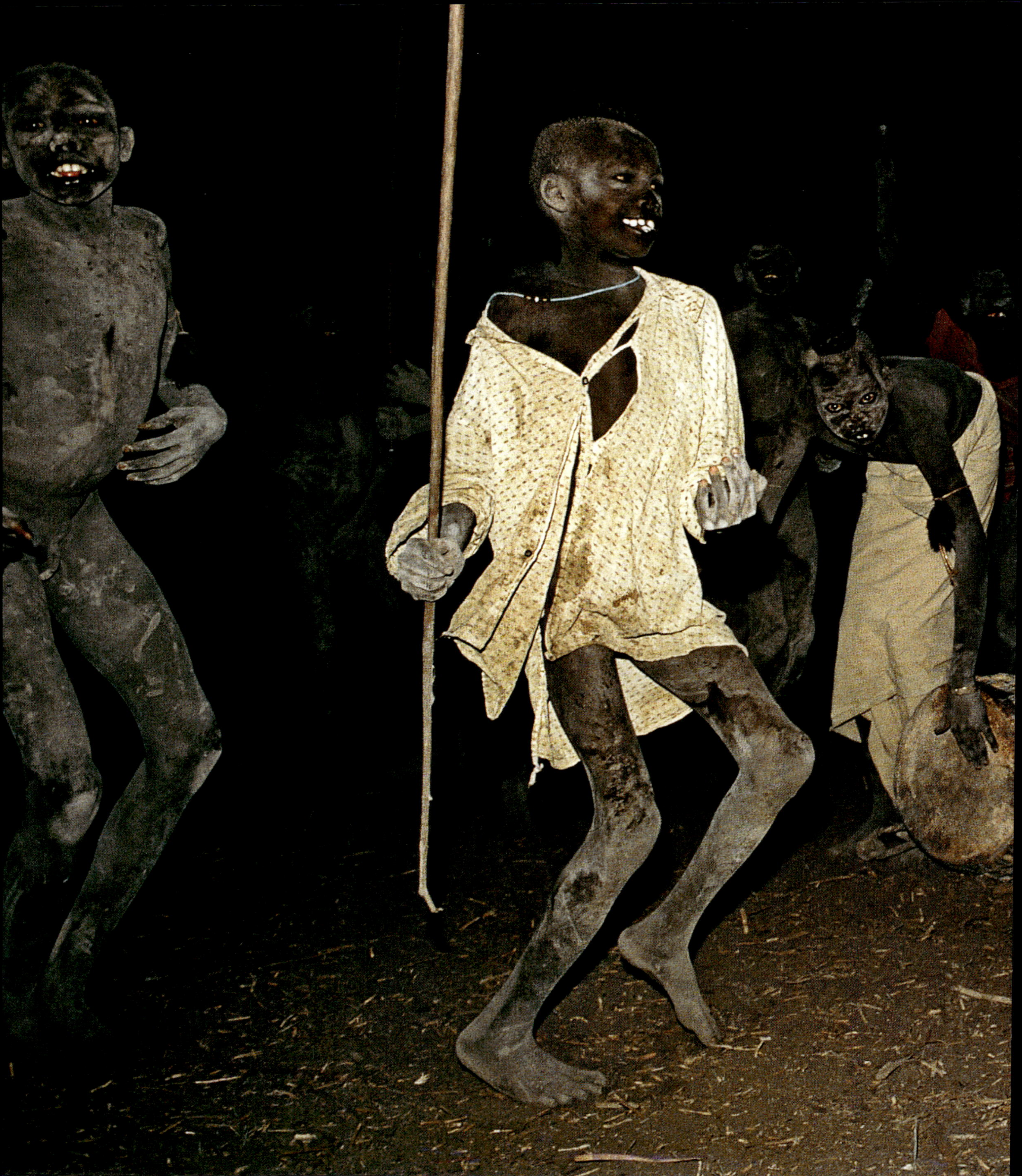

419

DAS MEER DER SCHÖPFUNG

RIFT VALLEY

DIE WIEGE DER MENSCHHEIT

RIFT VALLEY

DIE WIEGE DER MENSCHHEIT

DAS RIFT VALLEY, DER OSTAFRIKANISCHE GRABENBRUCH, IST EIN UNGEHEUER LANGER RISS IN DER ERDOBERFLÄCHE, DER SICH VON MOSAMBIK BIS ÄTHIOPIEN SCHLÄNGELT, UND SICH DANN NACH NORDEN VOM ROTEN MEER DURCH DAS TOTE MEER BIS IN DIE TÜRKEI ERSTRECKT – 7000 KILOMETER VON EINEM ENDE ZUM ANDEREN.

Dieser Graben, der ursprünglich durch Bewegungen der Erdkruste entstand, verbreitert sich noch heute um mehrere Zentimeter pro Jahr. Eines Tages – in etwa 40 Millionen Jahren – wird er zu einem See werden und den afrikanischen Kontinent zweiteilen.

Die tektonischen Aktivitäten, die das Rift Valley entstehen ließen, warfen zusätzlich auf beiden Seiten Erhebungen auf: lang gestreckte Plateaus, deren innere Gesteinsschichten immer wieder großflächig einbrechen. Die Plateaus, die sich auf 1500 bis 2500 Meter über Meereshöhe erheben, sind generell mit einem milden Klima gesegnet, während im Tal, 1000 Meter tiefer, brütende Hitze herrscht. Fast alle Seen im Tal sind extrem salzhaltig. Im Magadisee und im Natronsee nahe der kenianisch-tansanischen Grenze bedingt der hohe Natriumgehalt das Wachstum von Algen, deren charakteristische rote Färbung die Seen in Meere von Blut zu verwandeln scheint.

Das Rift Valley ist eine raue Landschaft aus Vulkanen, Lavaströmen, Spalten, Wüsten und Salzflächen –

und trotzdem ernährte dieses abweisende Land die frühen Menschen. Die Berge am westlichen Rand verhinderten, dass die vorherrschenden Westwinde in das Tal eindringen konnten, und die daraus folgende Dürre ließ den Wald zur Savanne werden. Einer weithin anerkannten Theorie zufolge mussten sich die Affen, deren Lebensraum der Wald gewesen war, an das neue Umfeld anpassen, indem sie lernten, auf zwei Beinen zu gehen. Das war der erste Schritt auf dem langen Weg der Evolution des Menschen. Auf der Westseite der Berge, wo der Wind ungehindert wehte und der üppige Wald unversehrt blieb, begünstigte die Evolution die Menschenaffen: Bonobos, Schimpansen, Gorillas und Orang-Utans. Diese Theorie ist nicht unumstritten, aber Tatsache ist, dass die im Rift Valley entdeckten Fossilien von frühen Menschen vier Millionen Jahre Evolution widerspiegeln. Der ostafrikanische Graben gilt zu Recht als »Wiege der Menschheit«.

Heutzutage wird das Grabensystem von nomadischen Viehhirten bewohnt. Der ständige Kampf ums Überleben – gegen den Hunger und gegen feindliche Völker, denen es ebenso schlecht geht – hat deutliche Spuren bei den Menschen hinterlassen. Ihr eher aggressiver Charakter steht im starken Gegensatz zur Sanftmütigkeit der Bauern auf den Plateaus. Fasziniert von der außergewöhnlichen Landschaft und der extremen Lebensweise, die sie hervorgebracht hat, bin ich immer wieder in diese Ödnis zurückgekehrt.

420 Ein Mädchen der Gale aus dem Omotal nutzt einen Kürbis als Wasserbehälter.

423 Der Natronsee im Norden von Tansania: Seine Oberfläche hat eine unheimliche Ähnlichkeit mit fließendem Blut.

424–425 Durch Bewegungen in der Erdkruste steigt Natriumcarbonat auf, von dem sich rote Algen ernähren, die *Spirulina* heißen. Sie sind für die charakteristische Färbung des Sees verantwortlich.

426–427 Die Oberfläche des Natronsees aus einem Hubschrauber betrachtet, der in einer Höhe von 30 Metern fliegt. Mit fortschreitender Trockenzeit bilden sich aufgrund der raschen Verdunstung Salzkristalle, die die Oberfläche des Sees bedecken.

428–429 Unweit des Natronsees, aber jenseits der Grenze in Kenia befindet sich der Magadisee, bei dem es sich ebenfalls um einen Salzsee handelt. Die Kristallformation links im Bild wird zur trockensten Jahreszeit so dick, dass man sie mit einem Auto befahren könnte.

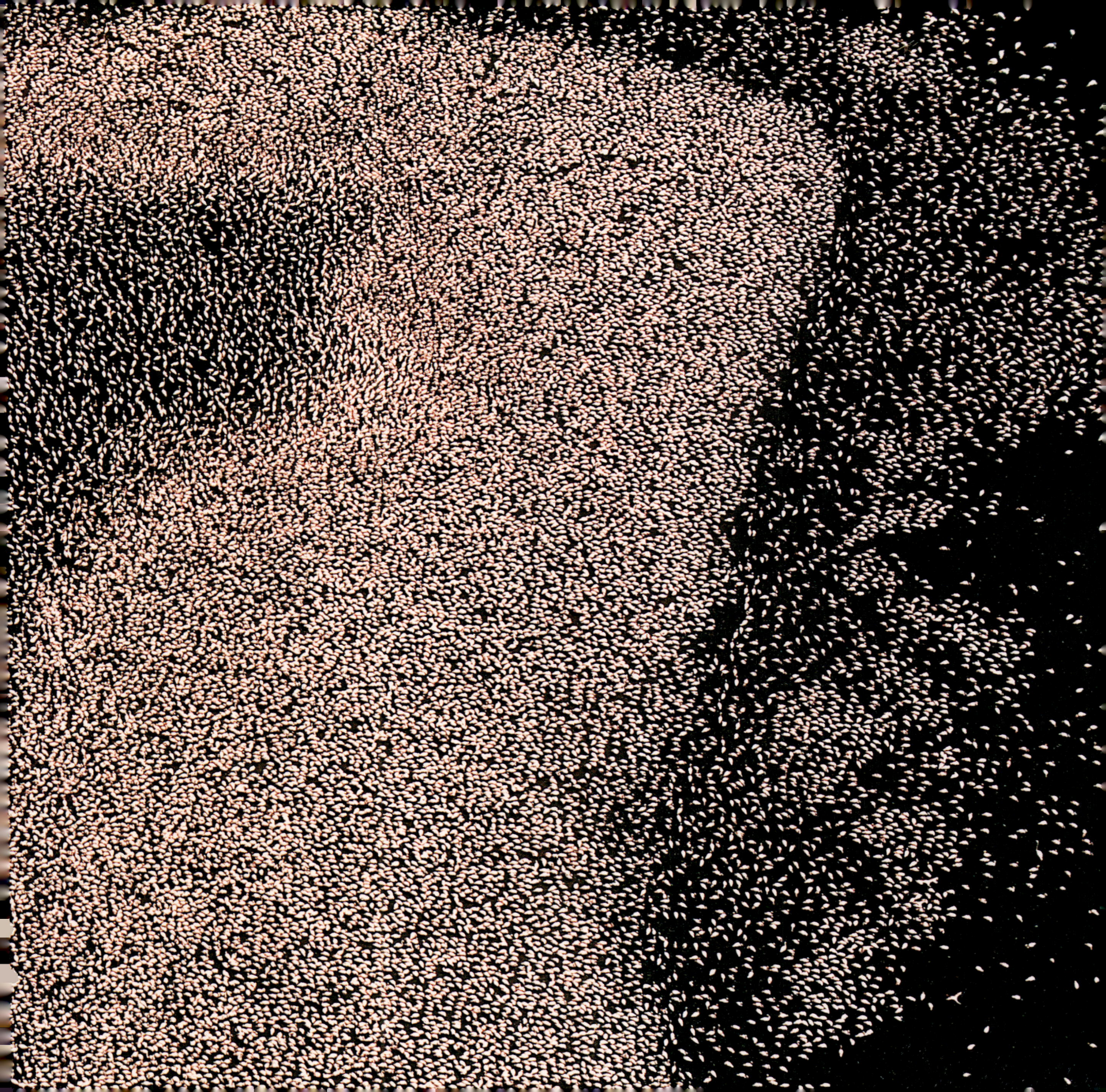

430–431 Auf dem Bogoriasee in Kenia drängen
sich Flamingos. Der in den Algen, von denen
sie sich ernähren, enthaltene Farbstoff lässt
ihre Flügel rosa schimmern.

432–433 Vom Wind verwehte Salzkristalle
bilden Streifenmuster auf der Oberfläche des
Sees. Wenn die Regenzeit beginnt, lösen sich
die Kristalle im Wasser auf und der See sieht
wieder völlig normal aus.

434–435 Der Kilimandscharo ist mit
5895 Metern der höchste Gipfel Afrikas und
wird von den Massai als Berg der Götter
verehrt. Der Gletscher auf seinem Gipfel
schmilzt jedoch – eine Folge
der globalen Erwärmung.

DIE DANAKILWÜSTE

DIE DANAKILWÜSTE IM GRENZGEBIET ZWISCHEN ÄTHIOPIEN UND DSCHIBUTI IST DIE HEIMAT DER AFAR, AUCH DANAKIL GENANNT.

Ihr Brauch, die Phalli (*kin*) getöteter Feinde abzutrennen und diese ihren Herzensdamen zu überreichen, um ihnen einen Heiratsantrag zu machen, hat ihnen auch den Namen »Kin-Jäger« eingebracht.

Die Danakilwüste, in der es im Sommer bis zu 50 Grad heiß wird, gilt als die heißeste Wüste der Welt. Äthiopier, die im kühlen Hochland leben, zucken schon bei dem Wort »Afar« zusammen. Die unbarmherzige Umgebung – Hitze, Lava, Krater, Salzwüsten – habe ein unbarmherziges Volk hervorgebracht, sagen sie. In diesem trostlosen Gebiet, in dem Hungersnöte und Infektionskrankheiten allgegenwärtig sind, hüten die Afar ihre Kamel- und Ziegenherden und streiten sich mit den Issa aus dem benachbarten Somalia um Weideland. Wenn die Afar und die Issa ihre Tiere auf die Weiden treiben, tragen sie zur Selbstverteidigung stets Pistolen bei sich.

Zwischen der Danakilwüste und der Hochebene liegt die Stadt Bati, die für ihren großen Montagsmarkt bekannt ist. Auf einem kleinen Hügel in der Mitte des Marktplatzes steht ein merkwürdiges Gestell aus Stahlrohren – ein Galgen, der offenbar keine Verwendung mehr findet, außer vielleicht als drastisches Gesetzessymbol in einem ansonsten gesetzlosen Land, in dem Schusswaffen immer mehr überhand nehmen.

Einmal erlebte ich das wahre Gesicht der Afar am eigenen Leib. Es war ein erschreckendes Erlebnis. Als mein Führer und ich von einem Plateau hinunterfuhren, sahen wir gut 50 Meter tiefer im Tal eine Gruppe von Nomaden mit ihrem Vieh. Wir hielten an, stiegen aus, und ich richtete mein Teleobjektiv auf die Szene. Durch den Bildsucher sah ich einen Mann mit einer Kalaschnikow in der Hand. Zielte er etwa auf mich? Mein Führer riss mich mit einem erstickten Schrei zu Boden, schob mich ins Auto und fuhr los. Der Mann hatte mein Objektiv offenbar für eine Waffe gehalten.

Über die Afar sind alle möglichen Gerüchte im Umlauf. Ich habe einige Zeit mit ihnen in ihren Camps verbracht. Anfangs war die Situation etwas angespannt, aber sobald sie mich akzeptiert hatten, gab es keinen Grund mehr zur Sorge. Sie hatten an mir als Ausländer und Außenstehendem kein großes Interesse, und ich erlebte keine Feindseligkeiten. Allerdings kann ihre Laune plötzlich umschlagen. Ihre Kinder sind mutige Viehhirten. Obwohl sie Muslime sind, verhüllen die Frauen ihre Brüste nicht. Ihre braune Hautfarbe ist betörend schön.

Ich erkundigte mich bei den Älteren nach der »Kin-Jagd«. »Die praktizieren wir nicht mehr«, antworteten sie, »aber sie ist trotzdem ein Teil unserer Kultur« – der Kultur in einer feindseligen Umwelt, in der Feinde großen Druck aufeinander ausüben. Ein Phallus, erklärten sie, sei 100 Kamele wert.

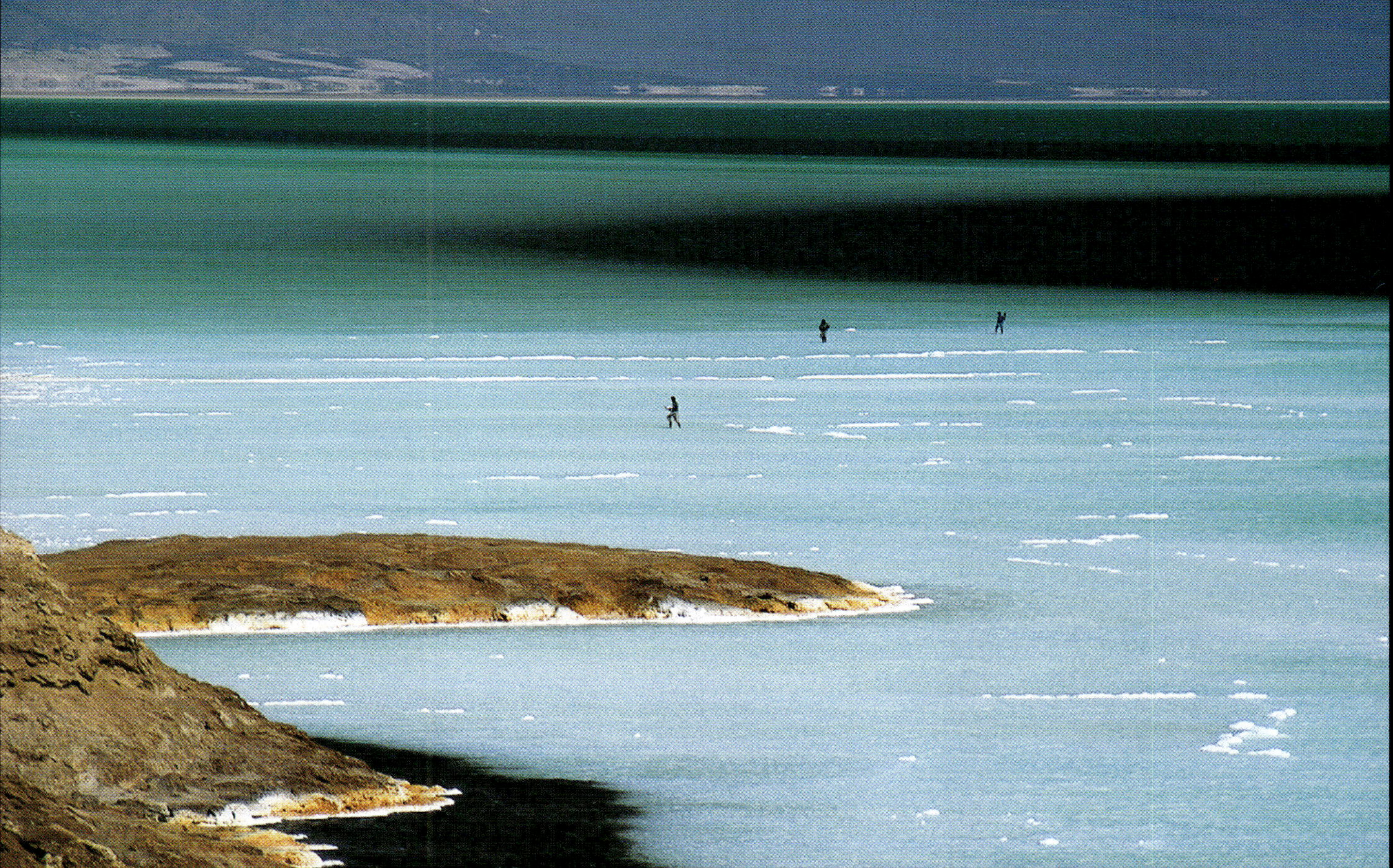

438 und 438–439 Salz-»Lese« am
Ufer des Assalsees. Salz muss im
Winter gesammelt werden, wenn die
Temperaturen unter 40 Grad sinken. Bei
Sommertemperaturen von über 50 Grad
kann man sich dem Salz nicht nähern.

440–441 Diese Salzebene am Ufer des Assalsees ist zehn Kilometer lang und mehrere Kilometer breit. Solche Salzebenen bilden sich, wenn Meerwasser in Spalten in der Erdoberfläche eindringt und verdunstet.

442–443 Um die Hitze zu meiden, treffen die Karawanen abends ein. Die Männer schaufeln die ganze Nacht hindurch Salz und reisen am nächsten Morgen wieder ab.

444–445 Nachdem die Hitze endlich nachgelassen hat, sprechen Nomaden der Danakil vor ihrer Hütte die Abendgebete. Die Rinder wirbeln Staubwolken auf, als sie über den Sand zurückkehren.

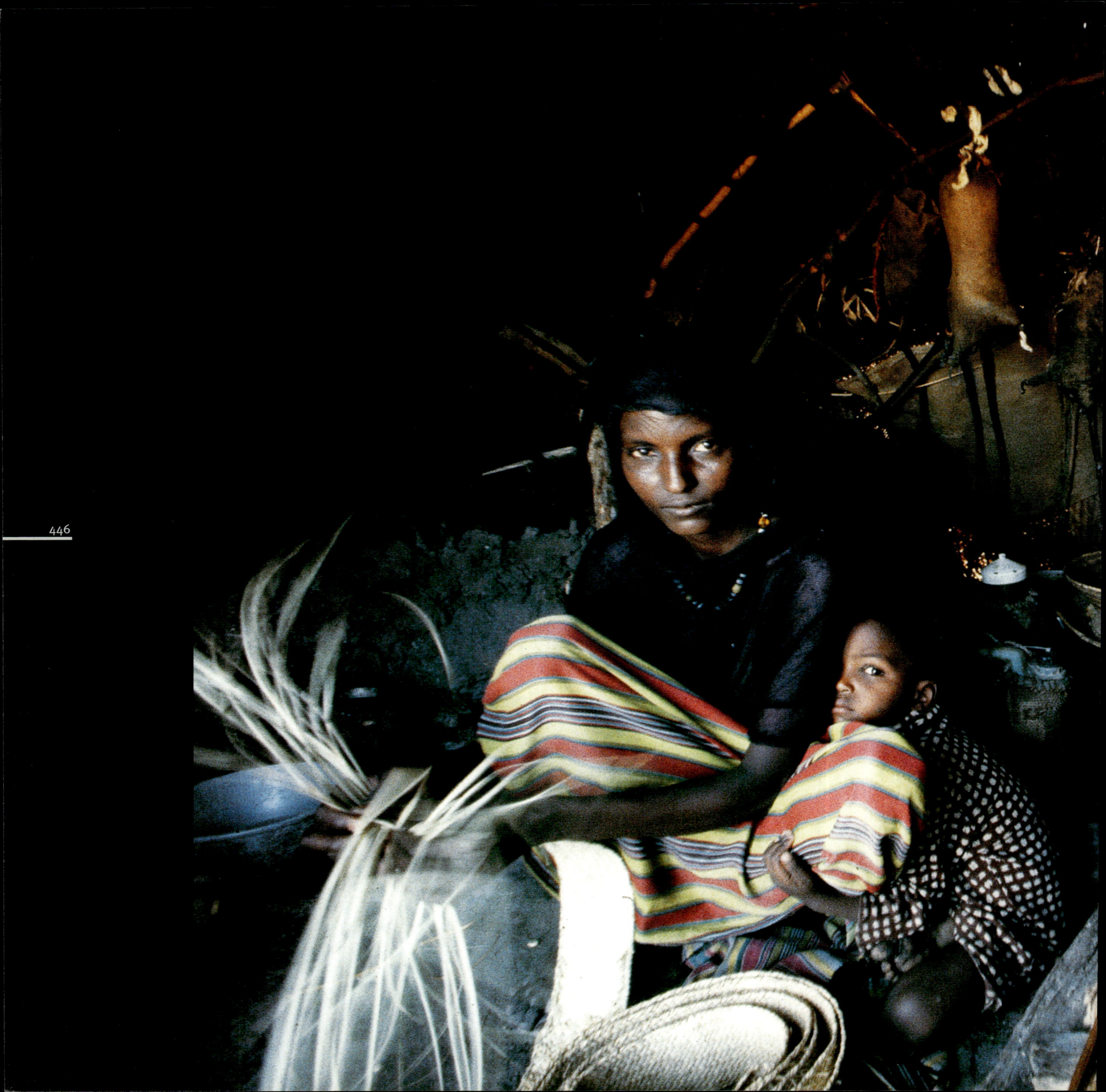

446–447 Diese
Hütte besteht aus einem
mit Strohmatten bedeck-
ten Holzgerüst. Sie bietet
der Familie gerade genug
Platz zum Schlafen.
Von der Decke hängen
Behälter aus Ziegenleder.

DAS OMOTAL

DAS »LETZTE AFRIKA«

D ER SÜDWESTLICHE TEIL ÄTHIOPIENS WIRD VOM OMO BEWÄSSERT, DER IM HOCHLAND ENTSPRINGT UND IN KENIA IN DEN TURKANASEE MÜNDET.

In der weitläufigen Savanne, die sich flussabwärts befindet, sind zahlreiche Völker beheimatet, die von der Viehhaltung leben und eigene Traditionen pflegen. Manche von ihnen haben Kleidung noch nicht für sich entdeckt, und einige Frauen schmücken ihre Lippen mit großen Tellern. Es gibt keine richtigen Straßen, und man trifft nur selten Ausländer an. Die äthiopische Regierung hat hier kaum Einfluss. Man könnte die Region das »letzte Afrika« nennen – eine Welt, die vom Rest der Welt abgeschnitten ist.

1974 putschte sich in Äthiopien eine sozialistische Militärdiktatur an die Macht. Die Grenzen wurden geschlossen, als sich der Krieg mit Somalia und die internen Guerillakämpfe verschärften. 17 Jahre lang, bis zum Ende der Diktatur 1991, benötigten Ausländer eine offizielle Erlaubnis, um sich außerhalb der Hauptstadt Addis Abeba zu bewegen. Der weltweite Tourismusboom Anfang der 1980er-Jahre löste eine neue Welle der Erkundung Afrikas aus. Das Omotal war allerdings weiterhin nur besonders abenteuerlustigen Touristen zugänglich. Da es davon nicht viele gab, blieb die Gegend ursprünglich.

Ich bereiste die Omoregion zum ersten Mal 1982. Anders als in Kenia sah ich im Naturpark überhaupt keine wilden Tiere – die Wilderei hatte sie gelehrt, Menschen aus dem Weg zu gehen. Niemand hielt sich an Gesetze. Die Regierung übte keine echte Kontrolle aus. Da die Einheimischen nicht mit Außenstehenden in Kontakt kamen, hielten sie an ihrer Kultur fest. Die Frauen trugen Kleider aus reich verziertem Ziegenfell. Der wöchentliche Markt im größten Ort zog hunderte von Menschen an, die alle in traditionelles Gewand gekleidet waren und sich das Haar mit Ton und Butter färbten – ein eindrucksvolles, imposantes Spektakel. Die Männer trugen kurze Tücher um die Taille, die ihre Genitalien nicht verhüllten.

1991 brach die Diktatur zusammen, der Bürgerkrieg ging zu Ende, und Äthiopien wurde von Touristen überschwemmt. Nachdem die Grenzen geöffnet worden waren, strömten Scharen von Touristen aus Kenia in die Omoregion, um das »letzte Afrika« zu fotografieren. Obwohl der Ansturm vergleichsweise gering war, beeinflusste er das Leben der Einheimischen. Meine letzte Reise ins Omotal unternahm ich 1997. Sobald ich meinen Fotoapparat zückte, liefen Kinder und Erwachsene mit ausgestreckten Händen auf mich zu und riefen: »Birr, birr, birr.« Ein Birr, die äthiopische Währungseinheit, entspricht einem Eurocent. Sie hatten nie zuvor Geld gehabt, aber jetzt konnten sie es von jedem verlangen, der sie fotografieren wollte. Wenn man nicht bezahlt, kann die Stimmung schnell umschlagen. Das »letzte Afrika« hat sich stark gewandelt.

449 Die Frauen der Hamar tragen Kleidung aus Kuhfell und schmücken sich mit Armreifen und
Halsketten aus Muscheln und Metall. Im Omotal haben uralte afrikanische Bräuche überlebt.

Im Omotal sind mindestens zehn größere ethnische Gruppen beheimatet – darunter die Hamar, Galeb, Bodi, Surma, Mursi und Erbore –, deren Zahl von einigen hundert bis 30 000 reicht. Sie leben in ständigem, oftmals gewalttätigem Konflikt. Jede Kultur ist stolz auf ihre Identität und gibt sich große Mühe, sämtliche Merkmale – Kleidung, Frisur, Schminke der Frauen – zu betonen, die sie von der anderen unterscheiden. Ebenso groß wie ihre Liebe zum eigenen Volk ist ihr überschäumender Hass auf verfeindete Gruppen. Blutige Fehden, die durch Viehdiebstahl ausgelöst wurden, können Generationen überdauern.

Professor Masayoshi Fukui von der Universität Kyoto befasst sich seit 40 Jahren mit den Bodi. Als er sich einmal bei ihnen aufhielt, überfielen einige Bodi eine nahe gelegene landwirtschaftliche Siedlung, töteten hunderte von Menschen und stahlen mehr als 1000 Rinder. Im darauf folgenden Jahr griffen sie eine andere Siedlung an und töteten über 100 Menschen. Bei den Überfällen kamen nur zwei Bodi ums Leben. Die Nomaden organisieren sich nach Alter, und innerhalb der Altersgruppen bestehen enge Bindungen. Im Kampf übernimmt jede, aus mehreren Männern bestehende Altersgruppe eine bestimmte Funktion, sodass eine effektive Streitkraft entsteht. Die weisen erfahrenen Älteren tüfteln die Strategien aus. Die Angriffe erfolgen stets im Morgengrauen.

Die Aggressivität der Nomaden ist bemerkenswert. Wenn zum Beispiel eine besonders geschätzte Kuh stirbt, macht der trauernde Besitzer seinem Kummer Luft, indem er ein Mitglied eines anderen Volkes tötet. Dieses Vorgehen ist üblich, und alle gehen ziemlich gleichgültig damit um. Die Verfügbarkeit leistungsfähi-

ger Schusswaffen hat die Streitlust in jüngster Zeit weiter geschürt. Die endlosen Bürgerkriege in Afrika haben den Kontinent mit Waffen überschwemmt. Im Omotal beläuft sich der durchschnittliche Preis für eine Pistole auf sechs Rinder. Die mehr oder weniger ritualisierten Kämpfe zwischen den Völkern, die früher mit Speeren sowie mit Pfeil und Bogen ausgetragen wurden, sind heute Feuergefechte. Je mehr Waffen es gibt, desto größer wird die Nachfrage. So ist diese Gesellschaft in die absurde Situation geraten, dass Einheimische, die problemlos ohne Hosen auskommen, ihr Gebiet niemals ohne Pistole verlassen würden.

1995, zwei Jahre vor meiner letzten Reise in die Region, forderte eine Auseinandersetzung zwischen den seit jeher verfeindeten Erbore und Borana 400 Todesopfer. Die Polizei war machtlos – die Kriegsparteien waren ihr in jeder Hinsicht weit überlegen.

Eines frühen Nachmittags versammelten sich in einem Dorf der Karo am Omo die Männer mit Waffen und Kopfstützen in den Händen unter der sengenden Sonne zum Gespräch. Die Kopfstützen aus speziell behandeltem Akazienholz dienen dazu, ihre charakteristischen, mit Schlamm gehärteten Frisuren während des Nach-mittagsschlafs zu schützen. Die Männer tragen ihre Waffen und ihre Kopfstützen stets bei sich.

An diesem Nachmittag ließen der hitzige Tonfall der Männer und die Art und Weise, wie sie beim Reden mit ihren Waffen herumfuchtelten, darauf schließen, dass sie von ihren Heldentaten berichteten. Als ich ganz in der Nähe ausgestreckt auf dem Boden lag und sie beobachtete, hatte ich das merkwürdige Gefühl, durch ein Zeitloch in eine völlig fremde Vergangenheit gefallen zu sein.

451 Das »Bullenspringen« ist ein Übergangsritus der Hamar. Nachdem etwa 20 Bullen
aufgereiht wurden, muss der Jugendliche viermal über ihre Rücken springen.

452–453 Eines von sieben Konsodörfern, das
auf einem kleinen Berg liegt. Die Häuser stehen
dicht nebeneinander – allein dieses Dorf hat
3000 Einwohner – und bilden ein Muster, das
den Höhenlinien auf einer Landkarte ähnelt.

454-455 Ein Junge verwandelt sich für
ein Fest in einen wilden Geparden.

456 und 456–457 Eine solche Gesichtsbemalung zu gestalten
dauert eine ganze Stunde. Die weißen und braunen Farb-
pigmente werden aus Ton gewonnen, die schwarzen aus Ruß.
Fleisch fressende, wilde Tiere sind für dieses Volk von
Viehzüchtern natürliche Feinde.

458

458 und 459 Diese Frisur wurde mit Ton gehärtet, die Verzierungen aus Straußenfedern und anderen Gegenständen werden am Scheitel und an der Stirn befestigt. Da sich dieses Arrangement auflöst,

460–461 Tief im Inneren Afrikas kommen die Menschen problemlos ohne Hosen aus, aber nicht, wie sie sagen, ohne Gewehre. Eine Kalaschnikow ist für sechs Kühe zu haben.

462 und 462–463 Diese Mädchen, die sich
das Gesicht mit Ton bemalt und das Haar mit
Erde und Butter gehärtet haben, warten
ungeduldig auf den Beginn des Tanzes.

464–465 und 465 Ein traditioneller Tanz
zu Ehren eines Jugendlichen bei der Zeremonie
des Bullenspringens: Der Junge nähert sich den
Mädchen, indem er mehrmals in ihre Richtung
springt. Hüfte an Hüfte deuten sie pantomimisch
Geschlechtsverkehr an, ehe sie sich wieder trennen.

466–467 Die Frauen singen und reiben im Rhythmus ihre Armreifen aneinander. Die elliptischen Metallteile an ihren Köpfen symbolisieren Straußenschnäbel.

468–469 Das Hüpfen und Springen beim
Tanz dauert bis spät in die Nacht hinein an.
Neue Paare finden sich, andere
verschwinden in die Büsche.

DIE ANDEN

DAS FEST DER STERNE UND DES SCHNEES

DIE ANDEN

DAS FEST DER STERNE UND DES SCHNEES

TIEF IN DEN PERUANISCHEN ANDEN, 100 KILOMETER ÖSTLICH DER EINSTIGEN INKA-HAUPTSTADT CUZCO, RAGEN DIE GLETSCHER-BEDECKTEN SINAKARABERGE EMPOR. IN IHREN AUSLÄUFERN, AUF 4700 METER ÜBER DEM MEER, LIEGT DAS COYLLUR-RITTI-TAL. HIER STELLTE ICH MEIN KLEINES ZELT AUF.

Es war kurz nach zwei Uhr morgens und sehr kalt. Aus dem Lautsprecher einer Kirche ertönte ein trauriges Lied auf Quechua. Die Stimme, die nicht von Instrumenten begleitet wurde, gehörte einer jungen Frau. Ihr schlichter ungekünstelter Gesang traf nicht immer den Ton, pulsierte aber vor Verzückung und Überzeugung und spendete den Zehntausenden Pilgern Trost, die in der kalten Luft zitterten. Fast zwei Stunden waren vergangen, seit das Lied mich aus meinem flachen Schlaf gerissen hatte. Ich bemühte mich, wieder einzuschlafen, doch die Stimme des Mädchens drang tief in mein Bewusstsein. Ich hätte auch ohne den Lärm der nimmermüden tanzenden Pilger, die Klänge von Hörnern in der Ferne und die zahllosen Pfiffe nicht mehr schlafen können.

Obwohl ich kein Wort Quechua spreche, verstand ich einen Namen, der in dem Lied immer wieder vorkam: »Señor de Coyllur Ritti.« *Coyllur* bedeutet »Stern« und *ritti* »Schnee«. *Señor* ist in diesem Fall eine respektvolle Anrede für Gott. Señor de Coyllur Ritti bezieht sich also auf Jesus Christus, der einer Legende zufolge in diesen Bergen erschienen ist. Die Coyllur-Ritti-Pilgerfahrt, das Fest der Sterne und des Schnees, findet alljährlich zwischen Ende Mai und Anfang Juni statt und erreicht bei Vollmond seinen Höhepunkt. Die Hoffnung auf Wohlstand wird dabei auf die Sterne gerichtet, während der Schnee Gesundheit symbolisiert.

Im Jahr 2004 fiel der Vollmond auf den 8. Juni. Am Vortag wurden auf dem Gletscher in 5000 Meter Höhe Kruzifixe aufgestellt. Scharen von Pilgern bestiegen am 8. Juni vor Sonnenaufgang den eisigen Berg. Begleitet von meinem Führer und seinem Helfer brach ich am 4. Juni in Cuzco auf. Nach einem Zwischenstopp in Tinqui erreichten wir Mawayani, wo der Aufstieg beginnt. Dort wimmelte es von Händlern, die die Pilger mit Proviant und Ausrüstung versorgten. Bei einem von ihnen erstand ich ein Pferd. Dann brachen wir auf.

Unterwegs begegneten uns viele Menschen, die auf dem Absteig waren – Mestizen, südamerikanische Ureinwohner und andere. Viele von ihnen waren Pilger aus Cuzco, die noch am selben Tag wieder heimkehrten. Übernachtungsmöglichkeiten gibt es hier keine – man muss entweder nach Hause zurückkehren oder bei minus 20 Grad im Freien schlafen. Die meisten Pilger waren nicht ans Bergwandern gewöhnt, ihre Gesichter von Erschöpfung gezeichnet. Mein Führer erzählte mir, dass das Fest in den letzten Jahren enorm populär geworden sei und sogar Pilger aus Bolivien und Argentinien anlocken würde.

470 Der Tanz der *ukuku*. *Ukuku* bedeutet »Bär«.

473 Maskierte Gestalten tanzen die ganze Nacht hindurch.

Da der Weg nicht besonders steil war, kamen wir nach etwa drei Stunden an. Auf dem felsigen Hang stand eine einsame Kirche, und in dem schier endlos weiten Tal erstreckte sich eine ausgedehnte Zeltstadt.

1533 krönte der Spanier Pizarro seine Eroberung des Inkareichs mit der Einnahme von Cuzco. Die Spanier plünderten und zerstörten viele bedeutende Tempel der Inkareligion, bauten an ihrer Stelle katholische Kirchen und zwangen den Besiegten den Katholizismus auf. Doch der Glaube der Einheimischen – an die als Gott verehrte Sonne, an den Mond, an Berge und Felsen – war tief verwurzelt und ließ sich auch mit Waffengewalt nicht auslöschen. Deshalb beschlossen die Spanier, eine neue katholische Tradition zu begründen, die der bestehenden Religion Rechnung trug.

Ein riesiger Felsblock in Coyllur Ritti markiert den Schauplatz einer bis heute gehüteten Legende: In den Gebirgsausläufern wohnte ein Hirtenjunge namens Mayta. Eines Tages trieb er seine Herde nach Coyllur Ritti, wo er Manuel, einem in Lumpen gekleideten Jungen begegnete. Die beiden schlossen Freundschaft, und Matya teilte mit dem hungrigen Manuel das Fleisch und die Kartoffeln, die er mitgebracht hatte.

Matya hatte die Idee, aus den Lumpen seines Freundes neue Kleider zu machen. Als er ein Stück des zerfetzten Stoffes mit nach Hause nahm und die Angelegenheit mit seinem Vater besprach, erfuhr er jedoch, dass man nirgendwo in der Umgebung von Sinakara einen solchen Stoff weben lassen konnte. Der Vater brachte den seltsamen Stoff in den Ort und zeigte ihn herum. »Dieser Stoff«, sagte der Priester erstaunt, »bekleidete keinen gewöhnlichen Menschen. Nur ein Heiliger hätte ihn tragen können.«

Die Geschichte kam schließlich den Priestern und Behörden in Cuzco zu Ohren, die Matya und seinem Vater nach Coyllur Ritti folgten, um der Sache persönlich nachzugehen. Sie fanden Manuel auf einem großen Stein sitzend, doch er hatte sich verändert: Ein helles Leuchten ging von ihm aus. Als sie sich ihm näherten, verschwand er. Wo er gesessen hatte, stand plötzlich ein hölzernes Kruzifix.

Matya, von der Trauer über den Verlust seines Freundes überwältigt, starb auf der Stelle und wurde neben dem Felsbrocken begraben. Die Herde, die er gehütet hatte, verdoppelte sich – ein Wunder, das als Dank Manuels für Matyas Großzügigkeit gilt.

Die Legende vom Erscheinen Jesu am heiligen Felsblock – denn so wurde Manuels Auftauchen gedeutet – verbreitete sich rasch. 1783 fand die erste Pilgerfahrt nach Coyllur Ritti statt. Die heutige Kirche wurde um den Felsblock gebaut. Auf ihm steht ein Kruzifix mit einer fein gearbeiteten Christusfigur.

Bis zum Tag des Vollmonds wächst die Zahl der Pilger täglich – auf bis zu 30 000, wurde mir gesagt, obwohl es meiner Meinung nach eher 70 000 bis 80 000 oder vielleicht sogar 100 000 Menschen waren. Ihrem Äußeren nach zu schließen handelte es sich um einfache, tief gläubige Landbewohner. Sie trugen Kreuze und Porträts von Señor de Coyllur Ritti und spielten auf Musikinstrumenten. Einige von ihnen betraten die Kirche und begannen zu beten, ohne vorher ihr Gepäck abzulegen. Viele waren von der schwach beleuchteten Statue, die die Passion des Señor de Coyllur Ritti symbolisiert, zu Tränen gerührt. Sie knieten nieder, bekreuzigten sich und strahlten durch ihre Tränen hindurch innige Freude aus. Ich habe zahlreiche

Pilgerfahrten in aller Welt gesehen, aber nirgendwo konnte ich ein so einfaches und dabei leidenschaftliches Beten beobachten wie hier. Die Armut, unter der diese Menschen ihr ganzes Leben lang leiden, und die Härte des Lebens in den Anden kommen in ihrem inbrünstigen Gebet zum Ausdruck. Wer wäre bei diesem Anblick nicht gerührt?

Sie blieben die ganze Nacht über wach und tanzten. Man unterscheidet zwischen drei verschiedenen Tänzen: dem *chuncho*, dem *qolla* und dem *runa*. Der *chunco* ist ein Dschungeltanz, bei dem sich die Tänzer mit bunten Federn schmücken. Der *qolla* stammt aus der Gegend des Titicacasees. Die Tänzer tragen dabei Lamapuppen um die Taille und kommunizieren miteinander, indem sie den schrillen Schrei des Lamas nachahmen. Der *runa* wird überall in den Anden getanzt; dieser schnelle Tanz wird von Peitschenknallen, Flöten und Trommeln begleitet. Die Tänzer tragen dabei Wollmasken und wallende Gewänder. Wenn der Tanz seinen Höhepunkt erreicht, bewegen sich zwei Männer ins Innere des Kreises und schlagen sich mit Peitschen rhythmisch gegen den Unterleib. Genau im richtigen Moment stellt sich ein dritter Mann zwischen sie, worauf sich die beiden unterhaken und vor Gott niederknien. Dieser Ablauf wird mehrmals wiederholt. Da die geschmeidigen Lederpeitschen mit voller Kraft geschwungen werden, muss die Prozedur außerordentlich schmerzhaft sein. Der Gesichtsausdruck der Männer ist hinter ihren Masken nicht zu sehen, und ihren Lippen entweicht kein Ton. Die Peitscher werden *ukuku* genannt und sind die Hauptfiguren des Festes. Sie sind die Wächter von Señor de Coyllur Ritti.

Etwa 50 Meter oberhalb der Kirche auf dem Berghang, weit entfernt vom Leidensweg der Pilger, findet ein erstaunlicher Handel statt: Hier werden Träume an die Massen verkauft. Im Angebot sind Modelle von Häusern, Modelle von Autos, gefälschte Abschlusszeugnisse verschiedener Universitäten und gefälschte Rechtsanwaltslizenzen. Gehandelt wird in »amerikanischen Dollars«. Neben den Modellen und Plagiaten liegen Stapel gefälschter Dollarscheine. Für einen peruanischen Sol, etwa 25 Eurocent, kann man ein Bündel Scheine erwerben, die einen »Wert« von 40 000 Dollar haben. Anschließend »schenkt« man dieses dicke Bündel Gott. Wer weiß? Vielleicht wird er die symbolischen Häuser und Titel, die man erworben hat, in echten materiellen Wohlstand verwandeln.

Im Grunde genommen handelt es sich dabei um ein Spiel. Dass die Spieler Erwachsene sind und dass sie das Spiel so ernst nehmen, ist lustig und traurig zugleich. Gott mit gefälschtem Geld Wünsche übermitteln? Lange Schlangen bilden sich, wenn die Pilger sich mit Namen anmelden und ihre Scheine in die Ritzen des heiligen Felsblocks stecken, auf dem Kerzen brennen. Darin müssen sich Abermillionen falscher Dollar befinden. Natürlich ist alles nur ein Spiel, aber es zeigt deutlich, wie gerne diese Menschen das Joch der Armut abschütteln würden, das ihr Leben einschränkt. Vor den Banken der Stadt stehen die Menschen ähnlich geduldig Schlange, um ihre armseligen Gehaltsschecks einzulösen.

Am Spätnachmittag des vierten Tages beschlossen mein Führer und ich, bis kurz unterhalb des Gletschers aufzusteigen. Das Fest würde am nächsten Morgen vor Sonnenaufgang seinen Höhepunkt erreichen, und Scharen von Pilgern würden denselben Weg nehmen, um zu beten. Das Pferd trug mich so weit, wie es der Pfad erlaubte. Nach einem anstrengenden zweistündigen Aufstieg erreichten wir den unteren Rand des Gletschers . Der Höhenmesser zeigte 5000 Meter. Aufgrund meiner häufigen Tibetreisen war ich an große Höhen gewöhnt und hatte keine Probleme. Der Abend brach an. Eine Gruppe von Männern trug Kruzifixe für die Zeremonien am nächsten Tag zum Eis.

Wir räumten ein paar Steine aus dem Weg und schlugen unser Zelt auf. Nach einem einfachen Abendessen genehmigte ich mir ein paar Schluck Schnaps und schlief früh ein. Seit meiner Ankunft in Coyllur Ritti hatte ich wegen des allnächtlichen Lärms der Feierlichkeiten nicht richtig geschlafen. Wenigstens heute Nacht würde ich ungestört schlafen können. Doch es kam anders. Vielleicht war ich einfach zu erschöpft, um zu schlafen. Den größten Teil der elend langen Nacht lag ich wach.

Nachdem ich irgendwann kurz eingedöst war, wurde ich von einem ungewohnten Geräusch geweckt: Es war Schnee, der aufs Zelt fiel. Ich sah auf die Uhr – kurz nach drei. Dann bemerkte ich ein anderes, ganz leises Geräusch, das von sehr weit weg zu kommen schien. Ich lauschte angestrengt. Es war unverkennbar der Klang von Flöten und Hörnern, der von weiter unten kam und sich langsam näherte. Ich weckte meinen Führer, der neben mir schlief, und wir machten uns zum Aufbruch bereit.

Draußen schneite es in großen Flocken. Von einem Bergkamm aus sahen wir eine lange Prozession von Pilgern, die Fackeln über dem Kopf trugen. Sie waren bereits gut 200 Meter aufgestiegen und schritten von

lauten Hörnern und Pfeifen begleitet rasch voran. Als ich die Augen zusammenkniff, sah ich noch weitere Gruppen mit Fackeln auf dem Weg zum Gletscher.

Als sie näher kamen, erkannte ich, dass sie alle *ukuku* waren, mit maskierten Gesichtern und wollenen Gewändern, in denen sie aussahen wie Bären. Und es waren alles Männer; Frauen war es offenbar verboten, über das Eis zu klettern. Abgesehen von den Hörnern und Pfeifen marschierten sie lautlos dahin und hielten sich dabei an einer Art Sicherungsseil fest, das aus ihren zusammengebundenen Peitschen bestand. Es schneite ununterbrochen weiter.

Auf mich wirkte das Schauspiel weniger wie eine christliche Prozession denn wie eine Zeremonie zu Ehren von Berggöttern. Um ihre alte Inkareligion beibehalten zu können, praktizierten die Einheimischen sie unter dem Deckmantel des Christentums. Viele der Gipfel, auf denen heute ein Kreuz steht, betrachteten ihre Vorfahren als Sitze der Berggötter, deren Zorn mit Votivgaben besänftigt werden musste.

Dann sahen wir uns mit einem unerwarteten Problem konfrontiert. Wir erfuhren, dass nur diejenigen, die das Gewand der *ukuku* trugen, das Eis betreten durften. Diese Regel war in diesem Jahr erstmals aufgestellt worden. Wir diskutierten vergeblich mit dem Anführer. Die hunderten *ukuku* ließen uns zurück und gingen weiter. Was sollten wir machen? Die Situation schien hoffnungslos. Als wir gerade aufgeben wollten, erblickte mein Führer unter den *ukuku* zwei Männer, die er kannte. Er erklärte ihnen die Situation. Wir sollten warten, sagten sie. Sie würden zum Gipfel aufsteigen, beten und dann umgehend zurückkehren, um uns ihre Kleidung zu leihen.

477 Nach ihrer Ankunft in der 4700 Meter hoch gelegenen Kirche richtet diese zutiefst bewegte Pilgerin ihre Gebete an »Señor Coyllur Ritti«.

Während wir zusahen und warteten, brach der Morgen an. Die *ukuku* scharten sich um die Kreuze und beteten; dann zündete jeder seine mitgebrachte Kerze an und stellte sie ehrfürchtig kniend aufs Eis. Inzwischen hatte es aufgehört zu schneien.

Etwa 20 Minuten später eilten die beiden Männer, auf die wir warteten, auf uns zu. Ich zog meine Daunenjacke aus und streifte den bunten, etwas engen Poncho des *ukuku* über. Vorsichtshalber zog ich auch seine Maske an und legte mir seine Peitsche um den Hals. Meinen Fotoapparat versteckte ich unter dem Poncho. Dann machten wir uns auf den Weg zu den Kreuzen. Die Kälte war weniger schlimm, als ich befürchtet hatte, was vielleicht an meiner Anspannung lag. Hier und da klafften große Spalten im Eis. Um die Kreuze, die an fünf oder sechs Stellen in einiger Entfernung voneinander aufgestellt waren, hatten sich Scharen von *ukuku* versammelt.

Vor den Kreuzen, auf denen unzählige große und kleine Kerzen standen, hatte sich eine Schlange junger Menschen gebildet. Sie knieten nieder, steckten die Hände in den Schnee und verharrten vier oder fünf Minuten lang in dieser Haltung. Auf das Signal eines Mannes, der die Zeit maß, kamen *ukuku* mit Peitschen zu den Jugendlichen und schlugen mit ganzer Kraft auf ihr Hinterteil ein. Das ist eine Art Übergangsritus, der einmal im Jahr während der Coyllur-Ritti-Pilgerfahrt zelebriert wird.

Etwa eine Stunde später wurden die Kreuze wieder eingesammelt, und die Pilger machten sich auf den Rückweg. Dabei schwenkten sie bunte Fahnen, bliesen in ihre Pfeifen und spielten verschiedene Musikinstrumente. An einem vereinbarten Punkt trafen sie die Frauen, die unten darauf gewartet hatten, die Kreuze zu begrüßen. Reihen wurden gebildet, und ein lebhafter Tanz begann. Ich hatte noch nie etwas Vergleichbares gesehen: Zehntausende von Pilgern, die im tiefsten Winter in 5000 Meter Höhe um den Segen Gottes baten. Das Schauspiel kam mir vor wie eine prachtvolle Andenoper.

Die spanischen Eroberer hatten die christliche Religion nach Peru gebracht und versucht, sie gewaltsam durchzusetzen. Doch die Einheimischen ließen geschickt ihre eigenen Glaubensvorstellungen einfließen und schufen so eine neue, typisch andine und weniger intolerante Form des Christentums.

Kurz nach Mittag, als die Messe vor der Kirche vorbei war, bauten die Pilger ihre Zelte ab und machten sich gemeinsam auf den Weg bergab, ihre Töpfe und Decken auf den Rücken gebunden. An der Spitze der Prozession, in einem Glaskasten, wurde die Coyllur-Ritti-Statue getragen. Dieser Schutzgott der Gemeinde wird nur einmal im Jahr aus der Dorfkirche, wo er sonst aufbewahrt wird, zum Coyllur Ritti-Heiligtum gebracht, damit den Menschen die Sünden des vergangenen Jahres vergeben werden mögen.

479 *Ukuku* klettern angetrieben von ununterbrochenem Pfeifen im Schneegestöber über das Eis zu den Kreuzen, die auf dem Gipfel aufgestellt wurden.

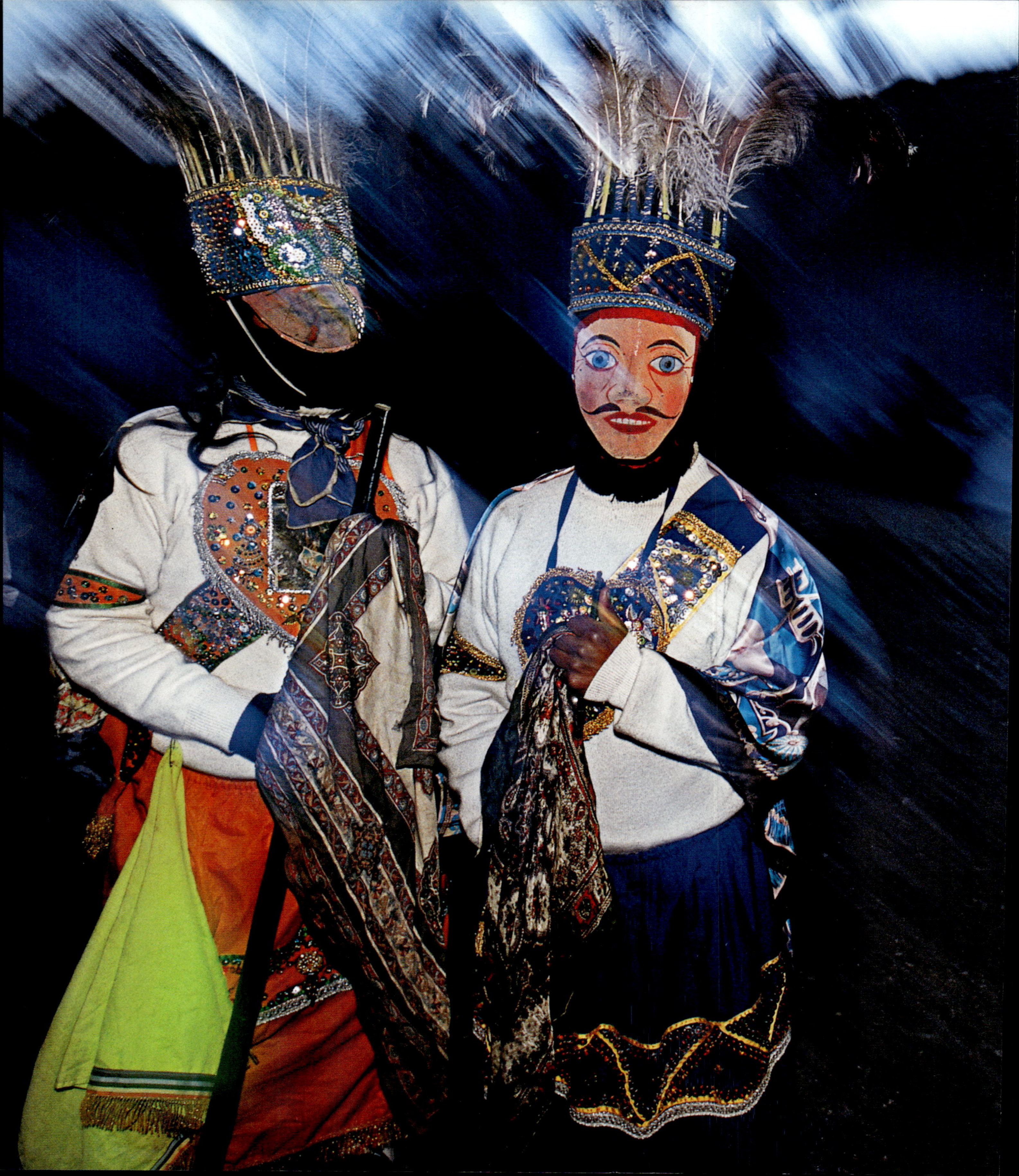

480–481 Maskierte Tänzer
werden in hunderte von
Gruppen aufgeteilt, je
nachdem, aus welchen
Dörfern oder Städten
sie stammen.

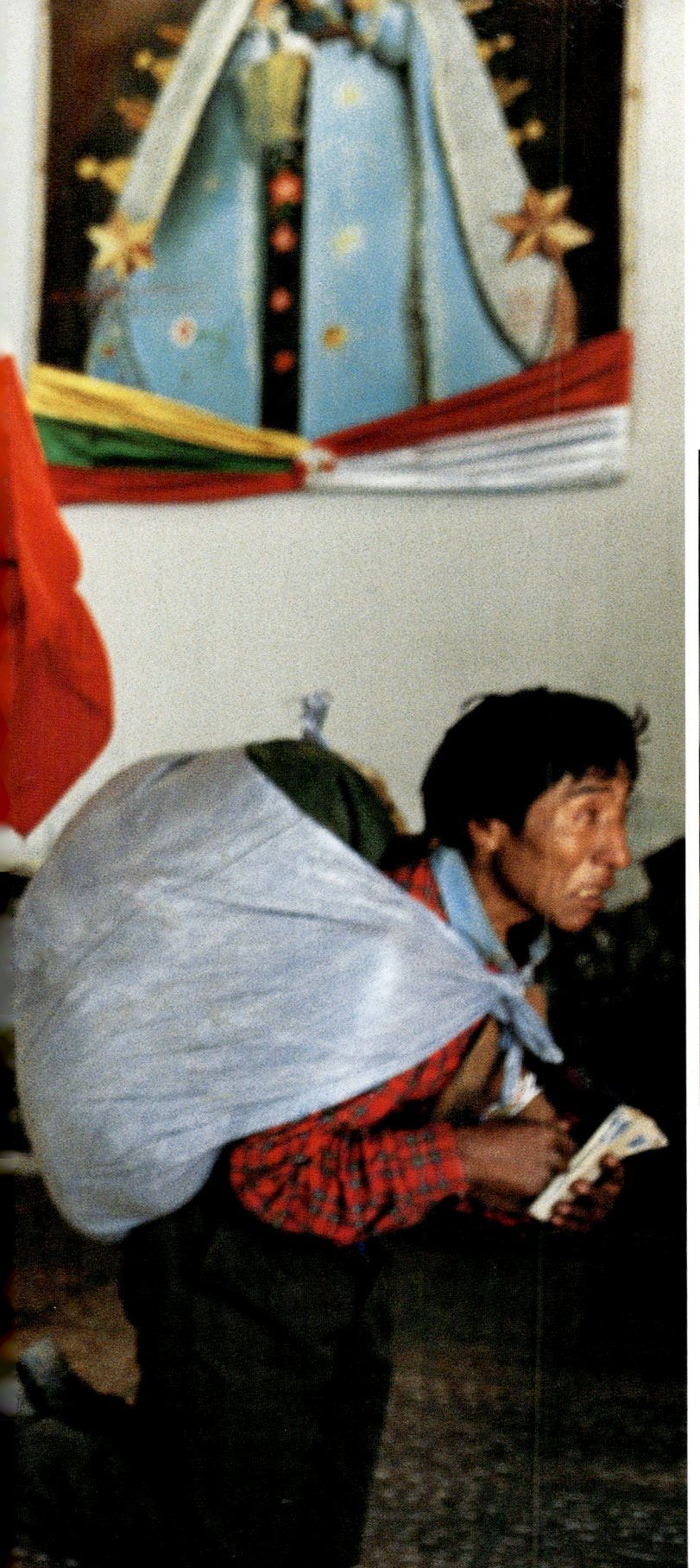

482–483 Eine Gruppe Dorfbewohner, die bei der Kirche ankommen, betet zu »Señor Coyllur Ritti«. Der links abgebildete Mann hält einen Kopfschmuck in der Hand, der bei Dschungeltänzen, so genannten *chuncho*, benutzt wird.

483 Dieses kleine Mädchen hat den steilen Weg auf den Schultern ihres Vaters erklommen.

484–485 Ein junger Mann betet.
Die Dorfbewohner tragen Statuen von
Coyllur Ritti, die die Passion Christi
darstellen. Jede Dorfkirche
besitzt eine solche Statue.

486 und 486–487 Diese Pilger, die Töpfe und Decken auf dem Rücken tragen, sind soeben angekommen. Die meisten von ihnen sind von der Leidensgeschichte des Señor Coyllur Ritti zu Tränen gerührt.

488–489 Wie die Masken der *ukuku* entstanden, weiß
niemand genau. Fest steht nur, dass es sich bei ihnen
um eine uralte Tradition handelt.

489 Tänzer in Kostümen, die den heiligen Kondor
symbolisieren. Bald werden sie zusätzlich
Kondormasken anlegen.

490–491 Viele der 100 000 Pilger
kampieren vier Tage lang im Coyllur-
Ritti-Tal, das auf 4700 Meter liegt.
Rechts ist die Kirche zu sehen.

492 Nach einem Tanz zu Ehren Gottes beten Pilger
kniend vor einer heiligen Höhle.

492–493 Ein *Ukuku*-Kind mit weißer Maske,
die *huaqullo* genannt wird. Auch Kinder tragen das
eigentümliche *Ukuku-Kostüm* mit wollener Quaste.

494–495 *Ukuku* beten bei einem Kreuz, das in 5000 Meter Höhe im Eis aufgestellt wurde. Jede Gruppe steckt dutzende Kreuze ins Eis.

496–497 Alle Jugendlichen, die an ihrem ersten Fest teilnehmen, müssen sich einem Initiationsritus unterziehen. Sie knien am Kreuz nieder, stecken die unbedeckten Hände in den Schnee und verharren so fünf Minuten lang. Anschließend wird ihr Gesäß ausgepeitscht.

498 und 498–499 Nach über zwei Stunden
langen Zeremonien auf dem Gletscher sammeln
die *ukuku* die am Vortag ins Eis gesteckten Kreuze
ein, und der Abstieg beginnt.

500–501 Die *Ukuku* steigen in einer
langen Schlange vom Berg ab.

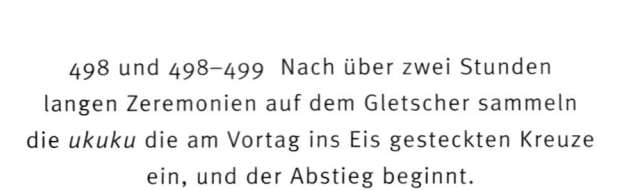

K AZUYOSHI NOMACHI wurde 1946 in der japanischen Präfektur Kochi geboren und begann 1971 seine freiberufliche Tätigkeit als Werbefotograf. Im Alter von 25 Jahren wandte er sich infolge seiner ersten Begegnung mit der Sahara dem Fotojournalismus zu. Nachdem er zwei Jahre lang in der Wüste fotografiert hatte, folgte er dem Nil von der Mündung bis zur Quelle und reiste anschließend durch Äthiopien, wo er mit seinen Fotos das harte Leben der Menschen in Nordostafrika einfing.

Von 1988 an richtete er sein Augenmerk auf Asien. Auf seinen wiederholten Reisen nach Tibet entstanden Fotos von der Religiosität und vom Alltagsleben eines Volkes, das in extremer Höhe lebt. Nachdem er zum Islam konvertiert war, um sich Zugang zu dessen heiligen Stätten zu verschaffen, folgte er der Einladung eines arabischen Verlegers und reiste nach Saudi Arabien, wo er fünf Jahre verbrachte, um die riesige alljährliche Hadsch-Pilgerfahrt nach Mekka und Medina zu fotografieren. Die Aufnahmen, die dabei entstanden, erschienen weltweit in führenden Zeitschriften wie *National Geographic*, *Stern* und *GEO*. Er hat insgesamt zwölf Bildbände in verschiedenen Ländern veröffentlicht. Seine Arbeit wurde mit zahlreichen Preisen ausgezeichnet, unter anderem 1990 und 1997 mit dem Annual Award der Photographic Society of Japan.

DANKSAGUNG

WÄHREND MEINER REISEN DURCH VERSCHIEDENE KLIMAZONEN UND LEBENSRÄUME
IN ALLER WELT HABEN MIR VIELE MENSCHEN IHR HERZ GEÖFFNET UND MIR UND
MEINEM FOTOAPPARAT ZUGANG ZU IHREN FEIERLICHEN RELIGIÖSEN BRÄUCHEN
VERSCHAFFT. ICH MÖCHTE MICH BEI IHNEN DAFÜR ENTSCHULDIGEN, DASS ICH IHRE
ZEREMONIEN MANCHMAL MIT DEM VERSCHLUSS MEINER KAMERA GESTÖRT HABE.
MEIN DANK GILT ZUALLERERST DIESEN TIEF GLÄUBIGEN MENSCHEN, DIE MIR
GROSSZÜGIGERWEISE ERLAUBT HABEN, SIE ZU FOTOGRAFIEREN. AUSSERDEM
MÖCHTE ICH DEN VIELEN ZEITSCHRIFTENVERLEGERN MEINEN DANK AUSSPRECHEN,
DIE MIT MIR ZUSAMMENGEARBEITET UND MICH BEI VIELEN SCHWIERIGEN AUFTRÄGEN
UNTERSTÜTZT HABEN. ICH DANKE ROBERT L. KIRSCHENBAUM UND DER
BELEGSCHAFT VON PACIFIC PRESS SERVICE FÜR IHRE LANGJÄHRIGE KONTAKTPFLEGE
ZU AUSLÄNDISCHEN VERLAGEN. MEIN DANK GILT AUCH DEM MEISTERFOTOGRAFEN
TAKASHI KIJIMA SOWIE MICHAEL HOFFMAN FÜR SEINE ÜBERSETZUNG AUS DEM
JAPANISCHEN. MARCELLO BERTINETTI VON WHITE STAR DANKE ICH FÜR SEIN
INZWISCHEN ÜBER 30 JAHRE WÄHRENDES INTERESSE AN MEINER ARBEIT.
VALERIA MANFERTO DE FABIANIS UND ALLEN ANDEREN MITARBEITERN
VON WHITE STAR BIN ICH FÜR DIE GROSSE REDAKTIONELLE LEISTUNG ZU
DANK VERPFLICHTET, DIESEN 504-SEITIGEN BAND ZUSAMMENZUSTELLEN.
ICH DANKE AUCH MEINER FAMILIE FÜR IHRE IMMERWÄHRENDE UNTERSTÜTZUNG.

504 Tibetische *ringras*, »Sandmandalas«. Ein schlanker,
sandgefüllter Kegel und ein leerer werden aneinander gerieben,
sodass eine Vibration entsteht, die eine kleine Menge Sand
durchlässt. Zehn Priester sind vier Tage damit beschäftigt, sie
anzufertigen. Sobald der Gedenkgottesdienst vorüber ist,
werden die *ringas* zerstört und im Fluss versenkt.